柯氏 少年版
性別關係量表
指導手冊
Ko's Sexual Relation Scale -Youth Version-II
Handbook

邱惟真、張勤金 編著

淡江大學出版中心

目　次

壹、前言

　　根據國內外性侵害犯罪加害人相關研究結果與實務經驗發現（陳若璋、劉志如，2001；鄭瑞隆，2006；Hsu & Starznski, 1990; Righthand & Welch, 2001），高危險高再犯之性侵害犯罪加害人，及兒童性侵害加害者，經常出現早發性的性侵害行為，爰為落實性侵害再犯預防，應加強針對少年性侵害加害者實施治療、輔導，以降低其未來再犯之風險，倘能即時針對該加害人介入提供處遇輔導，將有助於預防性侵害的發生。

　　民國 100 年 10 月 25 日立法院三讀通過修正性侵害犯罪防治法，增訂少年性侵害行為人經依少年事件處理法裁定保護處分確定而法院認有必要者（性侵害犯罪防治法第 20 條），得轉介直轄市、縣（市）主管機關評估是否需要對其實施身心治療或輔導教育，並自民國 101 年 1 月 1 日施行。

　　內政部為加強推動少年性侵害行為人之處遇工作，於民國 100 年委託台灣家庭暴力暨性犯罪處遇協會辦理「發展少年性侵害加害人預防輔導模式」計畫（邱惟真，2011a），透過蒐集國內外文獻資料，及國內相關實務工作者之經驗，嘗試建構少年性侵害行為人之預防輔導模式，希望透過初探性之研究，了解與整合各地方的處遇經驗與建議，初步發展妥適的處遇模式與輔導計畫，且期望不僅能以第三級預防的概念針對少年行為人進行處遇，更能有效預防再犯或其他嚴重侵害行為的發生。

　　邱惟真（2011a）之研究結果指出，少年性侵害加害人應依犯罪類型與樣態可分為四類，包括**強制性交、合意性交、猥褻**，以及介於強制與合意性交兩類型之間的**非暴力**類型[1]。此外，強制性交類型中的集體性犯

1　參與焦點座談之與會人員皆贊同，在合意與強制性交類型中存在一模糊地

罪，又可分為發生於社區與機構環境，其中社區環境中女性之加害人，通常為牽涉到性的霸凌事件，具有虐待與報復之意圖，此與其他類型以男性性侵害加害人為主有很大之差異。

另外，處遇模式之規劃建議以團體處遇為主軸，分為評估團體與進階團體（如表一）。評估團體於案件進入保護處分期間開始執行，對象包含所有犯罪類型即上述四類型之少年，處遇內容以「評估」為主，「輔導教育」為輔，考量各地區資源不同，可分為一週一次或兩週一次共六次計十二小時的團體處遇，另有一特殊設計之團體，專為無法每週或隔週參與團體之少年設計，兩天（建議用兩個週六或週日）計十二小時的親子團體處遇，需要少年其及家長一同參與團體課程（可考慮以親職教育之方式強制家長進入團體）。於評估團體結束後，將評估資料送評估小組委員會進行討論，針對有後續監督處遇需要之少年，令其進入需長期輔導的進階團體，團體可分為一個月兩次（半年一循環）或一個月一次共十二次（一年一循環）的處遇；對於資源相對貧乏之地區，如經費預算之負荷或專業人力不足者，建議採取一個月一次兩小時的處遇頻率，事實上拉長處遇期程，不僅拉長了處遇人員陪伴少年的時間，並且可以讓處遇人員用較長的時間來觀察少年的行為改變，只要專業人員具有相當的專業訓練與督導，即便降低處遇頻率，團體仍可具有相當程度的處遇成效（邱惟真、邱思潔，2006）。

帶，即性行為涉及金錢、權力等其他因素，如青少年違反兒童及少年性交易防制條例，以交易手法促使他人透過性行為獲取金錢、物質等；或者是被害人在性行為的過程中反悔，而難以確認被害人究竟是否違反個人意願，此類案件在判決上多偏屬於合意類型，但是為考量後續處遇方向之差異，各區與會人員同意在合意類型中區別出一非暴力類型。除此之外，在北區台北場次中特別提及同志議題，即因同志而發生的性侵害案件越來越多，但是處在此成長階段的青少年，難以確認其性行為是基於性傾向的性別認同，或是因生活環境因素影響所致，而無法斷定性行為是否違反個人意願，因此暫時將同志議題放置在非暴力類型中進行討論。

表一　少年性侵害行為人預防輔導模式

	評估團體	進階團體
處遇對象	違反強制性交、合意性交、非暴力類型、猥褻等類之少年	經評估小組會議決議之少年
介入時機	保護處分執行期間	保護處分執行期間
團體功能	評估為主，輔導教育為輔	處遇（生活適應與再犯預防）
處遇頻率	兩週一次共六次，開放式團體一週一次共六次，封閉式團體 兩天計十二小時，封閉式親子團體	一月一次，一年十二次，開放式團體 一月兩次，半年十二次，開放式團體
處遇時數	共六次或兩天十二小時	共十二次二十四小時

資料來源：邱惟真（2011a）。

　　在其他影響處遇的因素上，團體成員的出席率則須仰賴觀護人協助控管與追蹤[2]；另一方面，有關少年相關的調查與觀護資料，則必須提供處遇人員進行團體處遇時之參考。

　　儘管邱惟真（2011a）完成了上述少年性侵害行為人處遇模式之建議，對於台灣目前仍無針對少年性侵害行為人本土化之評估工具，仍有相當大的疑慮。該模式所需之評估內容，為目前接受保護處分之青少年性侵害加害人當下之心理狀態，尤其以在性侵害（強姦）行為的過程中所涉及到的動態心理因子，最為重要。

　　針對此評估內容，除了需要專業人員記錄行為人在團體互動歷程中所展現出之質性資料外，也需要一量性工具加以輔助，作為較為客觀、

2　建議依據少年事件處理法第 55 條：「少年在保護管束執行期間，違反應遵守之事項，不服從勸導達二次以上，而有觀察之必要者，少年保護官得聲請少年法院裁定留置少年於少年觀護所中，予以五日以內之觀察。」

標準化之評估資料來源。並依此評估工具補充行為人的動態因子量化分數以及在常模中的位置。

內政部之前曾委託學者針對成人性罪犯評估研發出「人際、思考、行動習慣量表」（KSRS；柯永河，1999），為評估行為人在強姦行為中之動態心理因子，此量表經研究證實，具備了良好之信效度（陳郁岑，2004；邱惟真，2011b），相當符合少年性侵害行為人處遇模式中評估團體之需要。

惟該量表當初建構之常模係以成人為主，因此若直接沿用就有常模位置偏誤之可能性，尚未能確定是否適用於青少年。因此本研究針對此一疑慮，將以 KSRS（柯永河，1999）為基礎，並參考國內外其他青少年性侵害評估工具，作為補充，建構少年版 KSRS 之信、效度，並嘗試建立青少年常模以供參考。

貳、柯氏性別關係量表（KSRS）之發展

「人際、思考、行動習慣量表」亦稱為「柯氏性別關係量表」（Ko's Sexual Relation Scale），其為一套性侵害加害人心理狀態評估工具，其乃藉以評估加害人心理狀況，及研究與性侵害行為相關的社會心理因素，作為安排相關治療及預防再犯行為發生之用，即可作為一套性侵害加害人「動態因子」之評估工具。

柯永河（1999）參考強姦行為的心理動態歷程（許春金、馬傳鎮，1992；郭壽宏，1999；黃軍義，1999）及其獨創之習慣理論（柯永河，1996；柯永河，1998a；柯永河，1998b；柯永河、張小鳳，1999），編制一套自陳式測驗，認為針對性侵害行為之評估，需考慮到其促發性內外因素（內在動機與外在情境線索）、內外抑制因素，以及犯罪前心理

的健全程度。內容包括：(1) 一般心理健康程度；(2) 過去嗜酒及使用法定禁藥之程度；(3) 因嗜酒及使用禁藥而產生性侵害行為之程度；(4) 性衝動之內外因素，包括生理、心理社會因素；(5) 性衝動之強度；(6) 性衝動控制、壓抑機轉的種類及強度；(7) 性衝動控制行為的有效性或成功率；(8) 對自己過去所犯性加害行為之倫理評估力；(9) 對被性加害者之同理程度；(10) 對自己性加害衝動之監控能力或敏感度；(11) 對性加害行為的價值判斷；(12) 家人對自己性加害行為的態度或說法、反應；(13) 對性加害罪處罰內容的了解程度；(14) 性加害行為將發生時對後果的關心程度；(15) 對性加害罪處罰的害怕程度；(16) 因憤怒或焦慮或寂寞感而犯性加害行為的程度；(17) 對於異性的態度。

　　柯氏把上述所列十七項內容以具體易懂的字眼及習慣測驗擬題方式，撰寫 170 題（每項平均 10 題）作為第一部分之測驗內容。第二部分加上「反社會性格違常」、「反社會思考習慣」、「神經質因素」、「精神病質因素」、「健康分數」、「自評作答可不可靠」等六個向度計 41 題，共 211 題。接著，將第一部分進行資料的蒐集與分析，以因素分析抽出可代表上述十七個因素的項目。最後，再以各因素之 Cronbach's alpha（內部一致性 α 值）進行題項之調整（刪題、加題、修改計分方法），確定總題數共 162 題，分為二十三個量尺。內容包括：(1) 性衝動被刺激觸發容易度；(2) 以性加害證明男性氣概；(3) 性加害行為應加處罰；(4) 使用毒品經驗；(5) 性慾望強度與頻率；(6) 藥物影響性行為；(7) 反對男尊女卑的態度；(8) 對受害者的同理心；(9) 絕不犯性加害行為的自我期許；(10) 對性加害者的負面看法；(11) 性加害傾向強；(12) 性加害行為控制難度（遺傳、家庭歸因）；(13) 反對性加害行為；(14) 支持性加害行為；(15) 性加害者的社會背景（與飲酒行為）的歸因；(16) 性加害行為難控制；(17) 對酒、性刺激的忍受度低；(18) 正常量尺；(19) 神經質量尺；(20) 精神病質量尺；(21) 反社會性格量尺；(22) 反社會思考習慣量尺；(23) 自評作答可不可靠。

在信、效度之檢驗上，信度以總樣本 181 名（學生 90、性加害組 40、非性加害組 4、一般成人 47）計算各量尺之內部一致性 α 值（0.44 到 0.88）。效度採參照團體檢驗，以 67 名男性及 70 名女性比較性別差異，結果發現除因素三、八、十、十四外，其他因素量尺得分均值皆具有顯著差異；以台大男生組（20）、一般成人（47）、性加害組（40）、非性加害組（40）進行 ANOVA 分析，結果發現第一部分除因素七、八、十一外，其他因素量尺得分均值皆具有顯著差異；第二部分僅發現在「反社會人格違常」量尺上有顯著差異，性加害組與非性加害組兩組傾向一樣強，但均高於其他兩組；若將四組區分為受刑組與非受刑組，則在「反社會人格違常」及「神經質」兩量尺上具有顯著差異。

透過上述信、效度的檢驗歷程，柯永河（1999）發現性侵害加害人在自陳量表上有意強調其作答可靠的心理傾向，其隱含的意義是他們在某些若據實回答一定會做成不利己後果的項目作了不實回答的事實，意即他們採用了心理分析學家所說的「反向作用」（reaction-formation）的防衛機轉。也就是說，性加害組以正面方式隱藏實情（否認自己有不好傾向）的傾向是清楚而穩定的。柯氏認為此量表較偏重「性慾理論陣容」，較忽略了「攻擊理論陣容」，因此在問卷中過分強調性慾論的擬定方式，可能反而導致所有受測者對與性慾有關的測驗題目，在無意中起了某種程度的警戒心與否認態度。

最後，柯氏針對此量表資料進行項目分析。找出 53 題是性加害組的均值顯著低於非性加害組（簡稱低分項目），27 題是性加害組的得分顯著高於非性加害組（高分項目）。低分項目顯示性侵害加害人在回答問卷題目時不斷地為犯性加害罪的人做有力的辯護，表示：「他們不是性慾很強，很容易被異性身體……的視覺刺激所引發，且一旦被引發則排山倒海似地強烈，無法控制；他們不是非常異於一般人『像動物一樣的人』；他們並不是沒有道德觀念；他們的行為並非出自於報復心理，

或受藥物控制，受環境利誘，特殊生理條件的之支配。……以否認的作答方式表示犯性加害罪的人也是人，和正常人一樣，不要輕視，看不起他們，他們的性行為，慾念反應，生理條件，道德觀念並沒有顯著異於常人之處。」（頁64）

高分項目則為性加害組承認或同意自己有的思考與言行。他們承認自己有用毒藥的經驗；承認性加害行為是不道德而性加害者應該為此感到懊悔；性加害者會覺得自己的所為會被非議、被藐視；自認為有良好的思考習慣；承認有反社會性格違常傾向；對於受害人有歉意或同理心；並發誓將來不再犯性加害罪。

柯氏認為低分項目等於或低於25%，而高分項目等於或高於75%時，需注意「個案的防衛機轉（否認機轉）強勢地在運作，而表面雖然合作，裡面卻不認真面對自己的心理問題，所以心理輔導或治療都難收效。」（頁67）因此，KSRS（柯永河，1999）的最終版本，是再加上(24)低分項目，以及(25)高分項目，組成計二十五個分量尺的自陳式量表。

陳郁岑（2004）針對「人際、思考、行為習慣量表」（KSRS）進行檢驗，檢視KSRS既有題目，針對寫題方式有疑義的題目進行改寫，作為新增項目，計8題；並增加「強暴迷思」，計13題，總計183題，共二十四個因素量尺，發展出KSRS（2003）量尺。並以馬康社會期許量表簡式C版（MCSD-C）作為受測者社會期許表現的測量工具。亦擴大樣本數為性犯罪組（392）、非性犯罪組（375）、正常學生對照組（222）。

驗證過程與結果，信度之內部一致性 α 值介於0.43到0.83之間；再測信度（N = 94高職學生），各因素量尺，除可靠量尺外，其他量尺兩次施測值相關係數介於0.38到0.76之間，且均達0.01水準以上之顯著水準。

　　而效度之因素分析檢驗，分別對 KSRS（2003）的二十四個因素量尺進行因素分析，顯示因素量尺一、二、三、四、六、九、十一、十三、十五、十六均跑出單一因素，表示這十個因素量尺各測量一個單一建構，具良好建構效度。因素五、七、八、十、十二、十四、十七、強暴迷思等八個因素量尺則跑出兩個因素結果，可在未來進行調整，以加強此量表之建構效度。在與性無關的六個因素量尺上，其效度在不同研究中已受到支持，可視為具有效度，但在本研究中對此七個因素皆為非單一因素結構。將二十四個因素量尺加上 MCSD-C 總分，進行因素分析，結果得五個因素，共可解釋 60.9% 變異量：因素一（性加害特徵強度及社會期許傾向強度 28.77%）；因素二（責備性加害傾向 15.42%）；因素三（區辨性侵／正常組有效指標 6.44%）；因素四（精神狀況量尺 5.79%）；因素五（同意男女平權及自評可靠態度 4.49%）。參考柯永河（1999）研究結果知，性侵害組在因素一得分偏低，因素二、三、五得分偏高。陳氏由此趨勢認為，性侵害組在此五因素表現上有特殊之型態，並可據此五因素的表現型態來鑑別是否為性侵害組。

　　參照團體之效度檢驗，除了因素量尺八、十七之外，其他因素量尺三組的得分均值間皆存有顯著差異。因素量尺一、二、三、四、五、十、十四、十五、十六及反社會性格傾向等十一個量尺的組間得分比較情形與 1999 年的研究結果相同。其他因素量尺組間比較雖然在兩次研究有所不同，但不同處多為組間差異由原本有顯著差異變為無顯著，或是由原本無顯著變為有顯著，各組間得分高低順序則無明顯不同。

　　MCSD-C 之比較以及對 KSRS（2003）之影響則發現，性犯罪組的社會期許量表得分高於其他兩組，且顯著高於學生組。低社會期許量表得分組（後 25% 低得分者）在 KSRS 量表與性相關的因素表現較符合一般人士對性侵害加害者持有的刻板印象；KSRS 量表的結果較可以採信。社會期許傾向越強，因素量尺得分越低者：因素量尺一、二、三、五、六、

十、十一、十二、十四、十五、十六、十七、神經質、精神病質、反社
會人格傾向、反社會思考習慣、強暴迷思。社會期許傾向越強，因素量
尺得分越高者：因素量尺九、十三、正常量尺、作答可靠度。

　　陳郁岑（2004）根據性犯罪者的犯行特徵分組進行比較，使得
KSRS 量尺的效度獲得進一步的支持。包括：(1) 性受害對象同意性交組
比不同意性交組在 KSRS 量表上表現出較少的偏差反應，如較不具「性
加害行為證明男性氣概」、「性慾望強度及頻率較低」、「性加害傾向
較低」等；(2) 需強制治療的刑前組比刑中組具較多的偏差反應，如較不
同意性加害行為應加處罰、願意承認自己的性慾望強度與頻率較高、性
加害傾向較高、覺得性加害行為控制難度較高、正常量尺得分較高、精
神病質傾向較高；(3) 受害者年齡橫跨未成年及成年的性犯罪者，性加害
傾向比其他組顯著地強，如認同性加害行為的控制難度較高、反社會思
考習慣較多、性侵害傾向較強、對酒及性刺激的忍受度較低；(4) 猥褻組
較性交組表達出較強烈對強姦行為加害者的負面看法，也較不隱瞞自己
對性或酒刺激的忍受度較低；(5) 年齡越大，越認同「以性加害行為證明
男性氣概的想法」，也越缺乏對個案的同理心，越不期許自己不犯性加
害行為，越認同性加害行為難以控制的想法，且對酒及性刺激的忍受度
越低，正常傾向越低，反社會人格傾向越低，自評作答可靠度較低。

　　陳氏綜合關於 KSRS 各種組間比較結果，發現因素量尺四「使用毒
品經驗」以及「反社會性格傾向」量尺是最具有效度的因素量尺，可以
區辨性侵害組及非性侵害組。此兩個向度乃重要之區辨指標，有趣的是，
此兩個向度亦可視為本土研究中所發現較穩定的「靜態」因子。

　　邱惟真（2011b）以 KSRS（柯永河，1999）蒐集二十三個少年性侵
害加害人樣本，進行信度分析，得 Cronbach's alpha 值為 .754，表示此
量尺在針對青少年的使用上是具有內部一致性信度的。

　　邱氏進一步將少年性侵害加害人初階團體有效樣本 23 人，與社區成人初階團體有效樣本 32 人（邱惟真等人，2007）進行獨立樣本 T 檢定。發現少年團體在 SEX1（性刺激—性衝動）、SEX2（以性加害證明能力）、SEX13（反對性加害行為）、神經質因素、精神病質因素、反社會型性格傾向、反社會型思考習慣、自評作答可靠度等量尺具顯著差異。顯示少年團體在「性刺激—性衝動」、「以性加害證明能力」、「神經質因素」、「精神病質因素」、「反社會型性格傾向」、「反社會型思考習慣」這六個量尺，其反應是較社區成人加害人高的，而在「反對性加害行為」以及「自評作答可靠度」兩方面的反應是較社區成人加害人低的。這樣的結果提醒我們，在針對少年性侵害加害人使用此「人際、思考、行動習慣量表」時，至少在這八個分量尺的解釋上要更謹慎一點。

　　邱惟真（2011b）之研究結果，初步建議 KSRS（柯永河，1999）是可以應用在少年的評估。但針對少年之信、效度檢驗，以及少年常模之建立，仍是刻不容緩的。

參、少年性侵害行為人自我控制分量尺之補充

　　Beech 和 Ward（2004）曾指出，造成性侵害加害人再犯危險的「心理傾向」具有四種特性：性慾的自我調控、支持犯行的認知、人際功能的程度，以及自我調控的問題。此四種特性可涵蓋在「認知扭曲」與「自我調控失敗」兩大類別中。

　　法務部（2010）曾分析少年兒童犯罪之原因，以因「心理因素」而犯罪的人數最多（98 年 42.3%），其中心理因素則以「自制力不足」為主要原因（91.4%）。金炫泰（2010）以國中生為研究對象，研究結果指出「自我控制」與「偏差行為」間，有顯著「負相關」存在，並指出「家

庭經濟狀況」、「管教方式」、「自我控制」對「偏差行為」具顯著預
測力，其預測力依序為「自我控制」、「管教方式」、「家庭經濟狀況」。
顯示「自我控制」之能力，對於少年或少年性侵害行為人而言，都是一
種重要的能力（吳敏欣，1999；黃富源等人，2008；黃鴻禧，2007；蔡
德輝、楊士隆，2000）。

　　由於「認知扭曲」在 KSRS 中已有適當的評估題目，唯獨「自我控
制」並未包含在 KSRS 的評估內容之中。故本研究建議將「自我控制」
之能力加入少年 KSRS 之版本之中。並以金炫泰（2010）所發展關於「自
我控制」之題目（計 18 題）併入 162 題之 KSRS 題目之中，使得少年
KSRS 之題目擴大至 180 題。

　　金氏之自我控制量表係依據 Gottfredson 和 Hirschi（1990）的「一般
犯罪理論」，並參考 Grasmick 等人（1993）、Arneklev 等人（2006）、
張惠君（2001）、曾幼涵（2001）以及曾淑萍（2000）的自我控制量表
修改而成。計 18 題，包括五個向度：衝動性、刺激性、享樂性、投機性、
不專心性，內部一致性從 .66 到 .84，信度為 .87。其計分方式為 4 點量表，
得分越高，表自我控制傾向越差。由於 KSRS 為 6 點量表，因此本研究
在正式使用時，將其修改為 6 點量表。

肆、KSRS 在少年之初步檢驗

一、研究設計與對象

　　本研究首先確認研究工具為 KSRS（柯永河，1999）之量表，再加
上 18 題修訂後之自我控制量表（金炫泰，2010），共計 180 題（以下
簡稱 KSRS，2012），依此進行信、效度之檢驗，檢驗之方式採取個案

組／對照組設計，將研究對象分為三組。

(一) 性侵害組

　　此組包含性侵害防治法所規範之範圍。由於本研究主要針對受「保護處分」之青少年性侵害行為人建立可用於評估團體之量表，因此初步不納入受「刑事判決」之青少年行為人。

　　資料蒐集之來源有三方面。第一，徵求地方（少年）法院之同意，提供性侵害行為人之 KSRS（2012）之資料。在資料處理方面，為了遵守少年事件處理法與個人資料保護法中對於少年性侵害行為人之隱密與保護性之規範，同時常模之建立不需針對單一個案之身分加以考慮，因此在建立常模時可省略個人身分之資料。在實務作法上，可以請求地方（少年）法院協助時，提供不具任何身分識別之研究數據，抑或在收到地方（少年）法院所提供之原始資料後，第一步即採取切割身分資料與 KSRS 等研究所需數據，並且將身分資料加以封存。第二，針對進入社區處遇之少年性侵害行為人，徵求地方政府防治中心提供少年之 KSRS（2012）之資料。同樣考量相關法律對少年性侵害行為人之隱密與保護性規範，在蒐集資料時會採取不記名或將個人身分之資料作封存之動作。第三，徵求各少年矯正機關之同意，進入與蒐集正在接受感化教育少年行為人的 KSRS 分數，以團體施測之方式進行。同樣地，也會有上述之措施來保護少年行為人之隱密性。共蒐集 226 名少年之資料。

(二) 非性侵害組

　　此組包含因觸犯性侵害以外的案件之非行少年。資料蒐集之來源有兩方面。第一，徵求地方（少年）法院之同意，於假日生活輔導，針對受保護處分之非行少年，蒐集 KSRS（2012）之資料。過程中為了遵守少年事件處理法與個人資料保護法中對於非行少年之隱密與保護性之規範，可採用不記名或封存個人身分資料等方式。第二，與來自於各少年

矯正機關之性侵害組資料相同，也蒐集性侵害以外之非行少年的 KSRS
分數，過程中也有相同之措施來保護少年身分之隱密性。共蒐集 275 名
少年之資料。

(三) 一般對照組

　　此組包含未曾因任何犯罪紀錄之青少年。由於本研究之對象包含 13
歲以上、18 歲以下之青少年，涵蓋國中、高中（職）之範圍，計蒐集
380 名國中生，以及 470 名高中（職）學生 KSRS（2012）之資料，總
計 850 名。

　　在三組樣本中，男性的比率在性侵害組與非行組中都為九成五以
上，而一般組則略高於一半。其次數分布的卡方檢定顯示 $p < .001$，表
示各組的男女比例分布有明顯不對稱的現象，顯示性別差異極為明顯。
各組中性別比例如表二。

表二　各組男女比例

		組別		
		性侵害	非行	一般
性別	男	224（99.1%）	265（96.4%）	435（51.2%）
	女	2　（0.9%）	10　（3.6%）	415（48.8%）

　　在家庭結構方面，根據統計結果，大部分的樣本只集中在「與父母
同住」和「單親」這兩類，將其他的四種分類綜合在一起成為「其他」，
包含了原本的「與祖父母同住」、「三代同堂」、「寄養（安置）家庭」、
「其他」。從表三次數分布中可觀察到在單親的比率在性侵害組與非行
組中最高，而一般組中單親比率降至 15.7%，超過一半的樣本為與父母
同住。其次數分布的卡方檢定顯示 $p < .001$，表示各組的家庭結構分布

有明顯不對稱的現象，顯示家庭結構與不同組別間有關聯。

表三　各組家庭結構人數

| | | 組別 | | |
		性侵害	非行	一般
家庭結構	與父母同住	39（37.1%）	103（38.0%）	550（66.0%）
	單親	44（41.9%）	112（41.3%）	131（15.7%）
	其他	22（21.0%）	56（20.7%）	152（18.3%）

　　在父母關係方面，根據統計結果，大部分的樣本只集中在「親生父母健在」和「父母離婚」這兩類，因此將其他的四種分類綜合在一起成為「其他」，包含了原本的「親生父母歿」、「繼父母」、「父母非婚姻關係」、「其他」，詳見表四。在性侵組中，「親生父母健在」的比率並未比「父母離婚」的比率高，而在非行組和一般組中，「親生父母健在」的比率才逐漸升高。次數分配的卡方檢定顯示 $p < .001$，表示三組中的比率有顯著的不對稱現象。

表四　各組父母關係人數

| | | 組別 | | |
		性侵害	非行	一般
父母關係	親生父母健在	39（37%）	123（45.0%）	666（79.8%）
	父母離婚	39（37%）	93（34.1%）	104（12.5%）
	其他	27（26%）	57（20.9%）	64（7.7%）

　　在主要照顧者方面（表五），根據統計結果，大部分的樣本最集中在「父母」這一類，其次為「祖父母」這一類。因此將剩下的「親

戚」和「其他」分類都歸為「其他」。在性侵組和非行組中，「父母」
的比率大約都為八成，但性侵害組中「祖父母」的比率就比非行組低。
而在一般組中，「父母」的比率高於九成。次數分配的卡方檢定顯示
$p < .001$，表示三組中的比率有顯著的不對稱現象。

表五　各組主要照顧者之人數

		組別		
		性侵害	非行	一般
主要照顧者	父母	84（80.0%）	215（79%）	771（91.9%）
	祖父母	11（10.5%）	39（14%）	49（5.8%）
	其他	10　（9.5%）	18（7%）	19（2.3%）

　　在主要照顧者的教養方式上面，可分為「開明」、「專制」、「放
任」、「混亂」四類。由表六中可知，「開明」的比率在性侵害組與非
行組中都在六成五左右，而在一般組中就高於七成五。「專制」的比率
在性侵害組中最高，接近二成五。「放任」的比率在非行組中最高，大
於一成。次數分配的卡方檢定顯示 $p < .001$，表示三組中的比率有顯著
的不對稱現象。

表六　各組主要照顧者的教養方式之人數

		組別		
		性侵害	非行	一般
主要照顧者的教養方式	開明	71（67.6%）	175（65.8%）	648（77.9%）
	專制	26（24.8%）	52（19.5%）	134（16.1%）
	放任	8　（7.6%）	31（11.7%）	32（3.8%）
	混亂	0　（0.0%）	8（3.0%）	18（2.2%）

　　在性經驗上面（表七），性侵害組與非行組填選「是」的比率明顯較高，尤其以性侵害組最高，在七成五以上。而一般組中填選「是」的比率少於一成。次數分配的卡方檢定顯示 $p < .001$，表示三組中的比率有顯著的不對稱現象。

表七　各組性經驗之人數

		組別		
		性侵害	非行	一般
性經驗	是	79（76.7%）	189（68.7%）	61　（7.2%）
	否	24（23.3%）	86（31.3%）	783（92.8%）

　　在猥褻或騷擾方面（表八），性侵害組填選「是」的比率最高、在二成五以上，其次為一般組的 5.2%，最少為非行組的 2.2%。次數分配的卡方檢定顯示 $p < .001$，表示三組中的比率有顯著的不對稱現象。

表八　各組猥褻或騷擾之人數

		組別		
		性侵害	非行	一般
猥褻或騷擾	是	27（26.0%）	6　（2.2%）	44　（5.2%）
	否	77（74.0%）	268（97.8%）	804（94.8%）

　　在性侵害方面（表九），性侵害組填選「是」的比率最高、在三成以上，非行組和一般組的比率皆在 5% 以下。次數分配的卡方檢定顯示 $p < .001$，表示三組中的比率有顯著的不對稱現象。另外值得注意的是，即使是已被司法機關確立其犯行的性侵害組，填答「否」的比率仍在六成以上，可能顯示了否認心態的作用。

表九　各組性侵害之人數

		組別		
		性侵害	非行	一般
性侵害	是	35（34.0%）	9 （3.3%）	9 （1.1%）
	否	68（66.0%）	264（96.7%）	839（98.9%）

在性霸凌方面（表十），性侵害組和非行組填選「是」的比率都大約在 8% 左右，而一般組的比率是少於 5%。次數分配的卡方檢定顯示 p < .001，表示三組中的比率有顯著的不對稱現象。

表十　各組性霸凌之人數

		組別		
		性侵害	非行	一般
性霸凌	是	8 （7.8%）	22 （8.0%）	22 （2.6%）
	否	95（92.2%）	252（92.0%）	826（97.4%）

從基本資料中的家庭結構、與父母相關的資料及關係、主要照顧者，及教養方式來看青少年性侵害事件，不難發現若家庭結構不完整、父母離婚、主要照顧者不是父母，和放任的教養態度，對性侵害行為人具有指標性的意義。

二、KSRS 各量尺分數與自我控制量表之資料分析

以 SPSS 統計套裝軟體中所附之 T 檢定、ANOVA、項目分析、因素分析以及區辨分析對所蒐集到之資料進行組間得分差異性分析。

(一)KSRS 各量尺分數與自我控制量表總分之信度

　　以全部樣本共 1,000 人以上，進行 KSRS 量表共二十五個量尺以及自我控制量表之總分的內部一致性分析。結果顯示，KSRS 的部分量尺內部一致性偏低，包括量尺十三、量尺十四與量尺十六等。而有較佳內部一致性信度的量尺則為量尺五、量尺八、神經質量尺、反社會人格量尺、反社會認知量尺、可信度量尺、低分項目量尺與自我控制總分等。詳細結果如表十一。

表十一　KSRS 二十五個量尺分數與自我控制量表總分的內部一致性

量尺名稱	包含題目數	Cronbach's alpha
量尺一	5	0.71
量尺二	9	0.75
量尺三	5	0.78
量尺四	5	0.78
量尺五	13	0.91
量尺六	5	0.65
量尺七	5	0.63
量尺八	9	0.83
量尺九	5	0.60
量尺十	8	0.71
量尺十一	5	0.71
量尺十二	6	0.66
量尺十三	5	0.53
量尺十四	5	0.40
量尺十五	4	0.63

表十一　KSRS 二十五個量尺分數與自我控制量表總分的內部一致性（續）

量尺名稱	包含題目數	Cronbach's alpha
量尺十六	5	0.54
量尺十七	8	0.72
正常量尺	9	0.79
神經質量尺	10	0.81
精神病質量尺	9	0.70
反社會人格量尺	8	0.84
反社會認知量尺	13	0.80
可信度量尺	6	0.80
低分項目量尺	51	0.90
高分項目量尺	27	0.78
自我控制總分	18	0.89

(二)KSRS 各量尺分數和自我控制量表總分在性侵害、非行、一般三組
　　間的差異

　　由於性侵害組幾乎全為男性，而非行組中只包含了極少數的女性，
不足以做分析。同時此研究目的之重點為性侵害的少年，故先行挑選男
性的子樣本後，再進行三組間的單因子變異數分析檢定。另外，根據前
述之內容，目前已知在不同組別間顯著差異達 .001 水準有年齡、與家庭
社會有關變項（家庭結構、父母關係、主要照顧者、教養方式、與主要
照顧者的關係、與同儕的關係），和與性有關變項（性經驗、猥褻或騷
擾、性侵害、性霸凌）。其中與家庭社會有關變項以及與性有關變項可
能在不同組別間的差異，可能與個體的心理認知活動有關，可直接反映
在 KSRS 各量尺與自我控制量表上，因此不需在檢驗組間差異前先予以

控制。但年齡的誤差可能主要反映了收案方式的限制，而且在前述分析中也發現年齡與一些量尺分數有中度正相關，因此為了避免組間差異的來源受到年齡的影響，將根據性侵害組的年齡分布比率，再次在一般組中進行分層隨機抽樣，以期達到兩組的年齡間無顯著差異存在。最終，所得到的社區組男性樣本人數為 256 人，為原本的 58.85%。三組樣本之年齡平均值與標準差各為性侵組 16.45（1.40）、非行組 16.53（1.31）、一般組 16.45（1.40）。利用單因子變異數分析所得之 F 值為 0.24，未超過顯著差異值，因此可以說經過重新抽樣後三組間已無年齡差異存在。

　　將 KSRS 各量尺與自我控制總分作為依變項，進行三組的單因子變異數分析，結果發現除了量尺八、量尺十三與自評可信度量尺外，其餘的分數皆達顯著；而量尺十一與精神病質量尺雖達顯著，但事後檢定卻未發現有意義的組間差異。因此所有二十六個量尺中共有二十一個量尺可以顯現出性侵害組、非行組與一般組之間的差異存在。ANOVA 分析結果如表十二。

表十二　KSRS 各量尺分數與自我控制總分在三組樣本上的 ANOVA

	組別	樣本數	平均值	標準差	F 值	事後檢定
量尺一	性侵害	188	8.02	3.44	15.08***	非行 > 性侵害
	非行	203	10.23	4.47		
	一般	251	8.96	3.99		非行 > 一般
量尺二	性侵害	188	11.97	4.67	7.84***	非行 > 性侵害
	非行	201	14.00	6.69		
	一般	250	12.28	5.12		非行 > 一般
量尺三	性侵害	188	14.77	6.32	23.78***	非行 > 性侵害
	非行	206	17.28	6.53		
	一般	256	19.14	6.85		一般 > 性侵害

表十二　KSRS 各量尺分數與自我控制總分在三組樣本上的 ANOVA（續）

	組別	樣本數	平均值	標準差	F 值	事後檢定
量尺四	性侵害	188	8.27	4.21	120.44***	非行＞性侵害
	非行	206	12.86	6.39		非行＞一般
	一般	256	6.38	2.47		性侵害＞一般
量尺五	性侵害	188	28.14	9.95	20.21***	非行＞性侵害
	非行	206	36.23	14.06		
	一般	256	31.26	13.57		非行＞一般
量尺六	性侵害	188	9.76	4.26	7.09***	一般＞性侵害
	非行	206	10.68	4.91		
	一般	256	11.44	4.68		
量尺七	性侵害	188	23.14	4.50	15.57***	一般＞性侵害
	非行	202	22.39	5.08		
	一般	249	24.89	5.07		一般＞非行
量尺八	性侵害	188	38.37	10.09	0.03	
	非行	202	38.62	10.39		
	一般	250	38.55	10.17		
量尺九	性侵害	188	23.67	5.37	11.32***	性侵害＞非行
	非行	206	21.34	5.52		
	一般	255	21.35	5.95		性侵害＞一般
量尺十	性侵害	187	22.29	7.92	9.43***	非行＞性侵害
	非行	203	24.91	8.05		
	一般	251	25.45	7.61		一般＞性侵害
量尺十一	性侵害	188	6.30	2.52	4.90**	無
	非行	206	7.25	3.51		
	一般	255	7.06	3.35		

表十二　KSRS 各量尺分數與自我控制總分在三組樣本上的 ANOVA（續）

	組別	樣本數	平均值	標準差	F 值	事後檢定
量尺十二	性侵害	188	9.25	3.46	16.07***	非行 > 性侵害
	非行	203	11.86	5.04		
	一般	250	10.89	4.92		一般 > 性侵害
量尺十三	性侵害	188	23.57	4.73	2.19	
	非行	203	22.55	5.64		
	一般	251	23.40	5.32		
量尺十四	性侵害	188	14.28	4.22	11.92***	一般 > 性侵害
	非行	206	15.57	4.50		
	一般	256	16.41	4.79		
量尺十五	性侵害	188	9.74	4.19	16.13***	非行 > 性侵害
	非行	206	12.03	5.04		
	一般	256	12.11	4.88		一般 > 性侵害
量尺十六	性侵害	188	9.98	3.87	5.75**	非行 > 性侵害
	非行	206	11.49	4.56		
	一般	256	10.63	4.70		
量尺十七	性侵害	188	11.60	4.70	19.87***	非行 > 性侵害
	非行	206	14.50	5.66		
	一般	256	11.99	4.81		非行 > 一般
正常量尺	性侵害	188	35.92	8.60	9.34***	一般 > 性侵害
	非行	205	37.14	8.62		
	一般	255	39.33	8.21		
神經質量尺	性侵害	188	26.10	9.89	5.74**	性侵害 > 一般
	非行	200	24.63	8.97		
	一般	249	23.08	8.98		

表十二　KSRS 各量尺分數與自我控制總分在三組樣本上的 ANOVA（續）

	組別	樣本數	平均值	標準差	F 值	事後檢定
精神病質量尺	性侵害	188	20.63	7.17	5.44**	無
	非行	206	22.51	7.35		
	一般	254	20.57	6.29		
反社會人格量尺	性侵害	188	18.81	7.95	149.77***	非行 > 性侵害
	非行	202	24.99	8.93		非行 > 一般
	一般	249	12.81	5.45		性侵害 > 一般
反社會認知量尺	性侵害	188	22.48	8.08	10.06***	非行 > 性侵害
	非行	205	26.39	9.59		
	一般	256	23.59	9.15		非行 > 一般
可信度量尺	性侵害	188	30.84	6.13	1.90	
	非行	202	29.70	6.25		
	一般	250	30.61	6.24		
低分項目量尺	性侵害	188	106.93	27.19	23.24***	非行 > 性侵害
	非行	203	126.50	33.16		
	一般	251	124.24	32.32		一般 > 性侵害
高分項目量尺	性侵害	188	85.27	16.53	67.31***	非行 > 性侵害
	非行	203	92.89	20.13		非行 > 一般
	一般	250	75.36	11.50		性侵害 > 一般
自我控制總分	性侵害	87	40.72	15.59	12.89***	非行 > 性侵害
	非行	200	51.06	17.09		
	一般	250	45.57	16.80		非行 > 一般

** $p < 0.01$, *** $p < 0.001$

　　將上述的單因子變異數分析的事後檢驗結果，將之整理如表十三。

表十三 性侵害組與非行少年組和一般組兩組之差異整理

性侵害少年與一般青少年相比	性侵害少年與其他非行少年相比
量尺三：「性加害行為應加處罰」較低	量尺一：「性衝動被刺激觸發容易度」較低
量尺四：「使用毒品經驗」較高	量尺二：「以性加害證明男性氣概」較低
量尺六：「藥物影響性行為」較低	量尺三：「性加害行為應加處罰」較低
量尺七：「反對男尊女卑的態度」較低	量尺四：「使用毒品經驗」較低
量尺九：「絕不犯性加害行為的自我期許」較高	量尺五：「性慾望強度與頻率」較低
量尺十：「對性加害者的負面看法」較低	量尺九：「絕不犯性加害行為的自我期許」較高
量尺十二：「性加害行為控制難度（遺傳、家庭歸因）」較低	量尺十：「對性加害者的負面看法」較低
量尺十四：「支持性加害行為」較低	量尺十二：「性加害行為控制難度（遺傳、家庭歸因）」較低
量尺十五：「性加害者的社會背景（與飲酒行為）的歸因」較低	量尺十五：「性加害者的社會背景（與飲酒行為）的歸因」較低
正常量尺較低	量尺十六：「性加害行為難控制」較低
神經質量尺較高	量尺十七：「對酒、性刺激的忍受度低」較低
反社會人格量尺較高	反社會人格量尺較低
低分項目量尺：「性侵害加害人在回答問卷題目時不斷地為犯性加害罪的人做有力的辯護」較低	反社會認知量尺較低
高分項目量尺：「性加害組承認或同意自己有的思考與言行」較高	低分項目量尺：「性侵害加害人在回答問卷題目時不斷地為犯性加害罪的人做有力的辯護」較低
	高分項目量尺：「性加害組承認或同意自己有的思考與言行」較低
	自我控制之總分較低

伍、發展適用於少年的 KSRS-YV
（Ko's Sexual Relation Scale – Youth Version）

　　為了便於此評估工具在團體內施測，原本180題的題目數應做精簡，初步認為理想狀況為 100 題以下。在精簡的過程中，應該保留較為重要與精華的題目。因此將從兩方面作為保留題目的基準：(1) 題目是否可以偵測出青少年性侵害行為人與其他青少年的不同之處；(2) 題目是否可以偵測出犯下不同類型性侵害行為的青少年之間的差異之處。因此針對第一項基準，將 180 題題目在性侵組、非行組、一般組之間做組間比較，找出有組間差異（尤其是性侵／一般、性侵／非行此兩種組間差異）的題目群。而針對第二項基準，則從現有資料中建立不同性侵害類型的變項，再找出 180 題中能分辨出不同性侵類型變項的題目群。之後將此兩群題目合併，並定出新的計分方式與解釋方法，作為 KSRS 量表的精簡版，使其更利於在團體中使用。

一、項目分析

　　KSRS 最主要目的之一為找出性侵犯在動態因子、心理社會層面上的獨特之處，而若要建立 KSRS-YV，首要目標應該是要延續此目的。因此在 KSRS 全部 162 題以及自我控制量表 18 題中，應先找出能夠區辨出青少年性侵害行為人／非行少年，以及青少年性侵害行為人／一般青少年的項目，作為 KSRS-YV 的基礎。因此將 180 個題目做性侵組、非行組與一般組的單因子變異數分析；若 F 值達顯著，則只著重在性侵組／非行組與性侵組／一般組的兩項事後比較，找出具有區辨力的題目。結果發現，共有 77 題具有區辨力，其中有 35 題是僅在性侵組／非行組的比較中達顯著、有 19 題是僅在性侵組／一般組上達顯著，另外的 23 題是在兩項比較上都達顯著。

二、性侵組內不同類型之比較

此次蒐集之資料中，大部分的性侵害行為人內有三項基本資料可以做基本的區分。第一個變項為性侵類型，代表其犯行之內容，分成「合意」（包含未成年情侶間之性行為、涉及金錢交易等）與「強制」（包含妨害性自主、強制猥褻、趁機猥褻等）兩類，基本假設為強制型的性侵害行為人可能有較偏差的心理動態因子。第二個變項為處遇方式，代表收案時所處的司法階段以及已判決的處遇，分成「保護管束」（包含假日生活輔導和處遇團體）、「機構」（誠正中學）和「審理中」（尚在審前調查的階段），基本假設為進入機構的性侵害行為人其心理動態因子應該比保護管束的行為人更為偏差。第三個變項為「單純／混合案件」，代表犯下性侵害案時是否也同時涉及其他案件。分成「單純性侵害」和「混合案件」兩類，基本假設為混合案件的行為人應有較偏差的心理動態因子。

在建立 KSRS-YV 之時，希望題目內能夠呈現出此三項基本資料之差別，亦即「強制」性侵類型的受試者得分應比「合意」者高、「機構」的受試者應也有較高的得分、「混合案件」的受試者得分應比「單純性侵害」者高。因此進行差異分析，利用獨立樣本 T 檢定來考驗性侵類型與單純／混合案件兩個變項在 KSRS 量表 162 題與自我控制量表 18 題上面的差異，以及利用單因子變異數分析來考驗處遇方式變項在這些題目上的差異。

結果發現（表十四），在性侵類型變項上，有 4 題可以顯現出「合意」與「強制」的差異。其中 KSRS 量表第 79 題與第 104 題，與性興奮和性侵害衝動有關，也確實顯現出「強制」類型的受試者有較偏高的得分。

表十四　在性侵類型上有顯著差異的 KSRS 項目

項目	項目內容	性侵類型	n	平均值	標準差	t
KSRS 第 001 題	我常喝酒。	合意	82	2.83	1.60	2.67**
		強制	52	2.08	1.57	
KSRS 第 046 題	我相信自己的能力不比別人低。	合意	82	4.52	1.57	2.96**
		強制	52	3.65	1.79	
KSRS 第 079 題	如果看到異性半露的胸部，我就會興奮得不得了。	合意	82	1.80	0.99	−2.79**
		強制	52	2.44	1.45	
KSRS 第 104 題	每年在某一季節我想做強姦行為的衝動就特別強。	合意	82	1.12	0.36	−3.20**
		強制	52	1.56	0.94	

** $p < 0.01$

　　在處遇方式變項上（表十五），共有十二個項目發現組間差異，而事後比較中也確實顯示這全部 12 題中都是「機構」的受試者和其他兩類受試者有顯著差別。然而觀看其項目內容，僅有 KSRS 量表第 150 題直接與性衝動有關，而其餘的題目大多與飲酒、服用毒品、就學時表現、衝動控制等行為有關。另外，此次屬於機構的樣本數僅有 13 人，而且自我控制量表的人數也因為收案限制而銳減，因此結果可能尚未穩固。

表十五　在處遇方式上有顯著差異的 KSRS 項目與自我控制項目

項目	項目內容	處遇方式	n	平均值	標準差	F
KSRS 第 028 題	我使用過毒品。	保護管束	107	1.64	1.55	14.18***
		機構	13	4.23	2.39	
		審理中	65	1.86	1.66	
KSRS 第 029 題	在電視或報紙看到搶劫、殺人、綁架時，我經常會想到將來我也要試試看，一定很刺激，令我興奮。	保護管束	107	1.30	0.74	5.52**
		機構	13	2.08	1.38	
		審理中	65	1.35	0.74	
KSRS 第 031 題	我常喝酒之外，也使用一種以上的毒品。	保護管束	107	1.25	0.85	14.05***
		機構	13	2.69	1.84	
		審理中	65	1.26	0.83	
KSRS 第 038 題	從小學或國中時代，我好幾次偷拿父母的印章去蓋學校聯絡簿或成績單。	保護管束	107	1.37	0.85	6.52**
		機構	13	2.38	1.56	
		審理中	65	1.45	0.97	
KSRS 第 049 題	從小學或國中時代，我就常常逃學。	保護管束	107	2.15	1.57	8.54***
		機構	13	4.15	1.63	
		審理中	65	2.42	1.78	
KSRS 第 051 題	我過去使用過安非他命。	保護管束	107	1.10	0.58	17.14***
		機構	13	2.85	2.44	
		審理中	65	1.29	1.11	

表十五　在處遇方式上有顯著差異的 KSRS 項目與自我控制項目（續）

項目	項目內容	處遇方式	n	平均值	標準差	F
KSRS 第 066 題	從小學或國中時代起，我已兩次或兩次以上離家出走，在外過夜，且數日不歸。	保護管束	107	2.59	1.98	7.66***
		機構	13	4.85	1.57	
		審理中	65	3.03	2.08	
KSRS 第 070 題	每談到升學考試時，我經常會想到聯考是一種競爭，為了拿到高分，只要不被發現，作弊也可以。	保護管束	106	1.42	0.88	7.43***
		機構	13	2.38	1.33	
		審理中	65	1.42	0.73	
KSRS 第 112 題	從小學或國中時代，我就有習慣，只要學校裡發生了讓我不愉快的事，我就帶著書包，不請假自行離開學校。	保護管束	107	2.17	1.65	6.39**
		機構	13	3.92	1.85	
		審理中	65	2.35	1.68	
KSRS 第 150 題	有時，電視節目裡的男女親熱鏡頭，也會使我的性慾強得難以控制。	保護管束	107	1.63	1.17	6.17**
		機構	13	2.54	1.33	
		審理中	65	1.43	0.68	
自我控制 第 08 題	我會去做一些危險而別人不敢做的事。	保護管束	57	1.77	1.24	10.21***
		機構	12	3.58	1.44	
		審理中	16	2.25	1.24	
自我控制 第 18 題	上課時，我常常被好玩的事所吸引，而沒有聽課。	保護管束	57	2.86	1.85	6.93**
		機構	13	4.62	1.61	
		審理中	16	2.50	0.82	

** $p < 0.01$, *** $p < 0.001$

在單純／混合案件變項上（表十六），有 3 題可以顯現出「單純性侵害」與「混合案件」的差異。但 3 題間在內容上似乎無明顯的共通性，分別代表對性侵害行為的生理歸因、就學時表現、衝動控制。但其差異方向支持「混合案件」的受試者有較偏差的心理動態因子。

表十六　在單純／混合案件上有顯著差異的 KSRS 項目

項目	項目內容	單純／混合案件	n	平均值	標準差	t
KSRS 第 109 題	我相信犯了強姦罪的人一定是因他的生理條件很特別，無法控制自己的性需求。	單純	94	2.27	1.49	−3.05**
		混合	36	3.19	1.70	
KSRS 第 112 題	從小學或國中時代，我就有習慣，只要學校裡發生了讓我不愉快的事，我就帶著書包，不請假自行離開學校。	單純	94	2.26	1.61	−2.77**
		混合	36	3.19	2.01	
自我控制 第 02 題	如果有人惹我生氣，那麼即使在公共場合，我也會大罵那個人。	單純	38	1.84	0.86	−4.17***
		混合	11	3.27	1.42	

** $p < 0.01$, *** $p < 0.001$

整理上述發現，KSRS 量表 162 題與自我控制量表 18 題中，在性侵類型、處遇方式、單純／混合案件三個變項上有差異性的題目共有 18 題（KSRS 量表第 112 題在處遇方式和單純／混合案量上都有顯著差異存在）。因此這 18 題應該也被納入 KSRS-YV 之中。

三、KSRS-YV 指標之建構

將前述之結果合併，發現共有 81 題具有辨識性侵害行為人群體的整體獨特性以及群體內的分辨性的特徵，作為建立 KSRS-YV 的基礎。

進一步將這 81 題進行探索性因素分析。因素抽取方式為主軸法（principled axis factoring），而在不同組別的樣本上各作一次分析，亦即可得出性侵組、非行組、一般組的三種因素分析結果，藉以做跨組別間的比較，驗證因素結構的普遍性。在性侵組中，KMO 值為 .27，而 Bartlett 球形檢定為顯著（$p < .001$）。因此雖然 KMO 值未大於 .60，不建議進行因素分析，但 Bartlett 檢定支持此樣本可進行因素分析，同時在性侵組中所得之結果是用於跨組間的比較，因此決定繼續進行因素分析。在非行組中，KMO 值為 .78，而 Bartlett 球形檢定為顯著（$p < .001$），因此可以進行因素分析。在一般組中，KMO 值為 .90，而 Bartlett 球形檢定為顯著（$p < .001$），因此同樣可以進行因素分析。

透過上述步驟並參考 KSRS 量表原版的量尺分法，最後在 KSRS-YV 中共取得十一個指標，這十一個指標大致上可分為兩群，前六個指標偏向「衝動性指標」，後五個指標偏向「規範性指標」（表十七）。

四、KSRS-YV 信度檢驗：內部一致性檢驗

以全部樣本共 1,000 人以上，進行 KSRS-YV 量表共十一個指標的內部一致性分析。結果顯示，共有六個指標之內部一致性在 .70 以上，顯示具有良好之信度。指標 02、06、08 因為只有 3 題、5 題、3 題，題目數少本身就會使得內部一致性偏低。而指標 09、11 因為皆只有兩題，所以無法計算內部一致性。詳細結果如表十七。

表十七　KSRS-YV 指標分數的內部一致性

指標名稱	包含題目數	Cronbach's alpha
指標 01：物質使用	6	0.80
指標 02：自我貶低	3	0.57
指標 03：反社會傾向	11	0.85
指標 04：衝動性	5	0.72
指標 05：性侵害傾向強	27	0.93
指標 06：享樂意願	5	0.64
指標 07：性侵者內在問題	6	0.71
指標 08：性侵害責難	9	0.75
指標 09：自我效能	3	0.62
指標 10：男女平等態度	2	--
指標 11：不性侵害強度	2	--

五、KSRS-YV-II 指標之再建構

　　由於 KSRS-YV 指標的內部一致性並不令人滿意（尤其是指標 10、11）。第二階段篩題，以 KSRS-YV 之版本作為基礎，針對上述低於 5 題之指標（指標 02、09、10、11）進行增題的動作，另外亦針對指標 05 進行刪題的動作。

　　增題的條件為，同第一階段保留題目之第一項基準，除了區辨性侵組、非行組、一般組之組間差異外，再將廣義性加害組、廣義一般組、廣義受害組[3]具組間差異之題目納入考慮，且其組間差異需與理論預設的

3　將一般組中的受試者依照下列定義來進行分組：(1) 無特別經驗者：在基本
　　資料的「我曾性騷擾或猥褻他人」、「我曾性侵害他人」、「我曾性霸凌他

方向一致，例如 KSRS 第 26 題「有時我莫名其妙地不安或恐慌起來」雖未在第一階段的篩選中具組間差異，但在第二階段篩選出現組間差異，且差異的方向為「廣義加害組 > 廣義受害組」，參考 KSRS 原版量表的分量尺，可置於指標 02，依此方式，在指標 02 增加了 5 題，總計 8 題，此 8 題與原 KSRS 之「神經質因素」量尺相當接近，故修改此指標之命名為「神經質因素」；在指標 09 增加了 2 題，總計 5 題，此 5 題與原與 KSRS 之「正常量尺」相當接近，故修改此指標之命名為「正常量尺」；在指標 10 增加了 2 題，總計 4 題，仍維持原命名「男女平等態度」；在指標 11「不性侵害強度」則無增題，由於此指標只有 2 題，且其組間差異，亦與理論預設相反（性侵組 > 非行組、性侵組 > 一般組），因此刪除此指標。

另外，雖然指標 05 具有良好的內部一致性信度，但相較於其他指標，題目過多，考慮在不影響其信度之情況下刪除部分題目，刪題的條件為，同上述條件，納入廣義性加害組、廣義一般組、廣義受害組具組間差異之題目，且其組間差異需與理論預設的方向一致，然後，僅保留具三項組間差異之題目，刪除僅二項組間差異之題目，如 KSRS 第 011 題在「一般組 > 性侵組」、「非行組 > 性侵組」、「廣義加害組 > 廣義一般組」三項均具組間差異，則予以保留，反之刪除，計可刪除 19 題，其中 KSRS 第 104 題雖然僅有兩項組間差異，但其組間差異符合理論預

人」、「我曾遭他人性騷擾或猥褻」、「我曾遭他人性侵害」、「我曾遭他人性霸凌」等題目中皆勾選「否」之受試者;(2) 廣義性侵害受害者：在基本資料中的「我曾遭他人性騷擾或猥褻」、「我曾遭他人性侵害」、「我曾遭他人性霸凌」等題目中任一以上勾選「是」之受試者;(3) 廣義性侵害加害者：在基本資料中的「我曾性騷擾或猥褻他人」、「我曾性侵害他人」、「我曾性霸凌他人」等題目中任一以上勾選「是」之受試者。若受試者同時符合廣義性侵害受害者之定義，則以此組別為主。

最終，在 845 位一般國高生中，有 56 位是廣義性侵害加害者（後續稱為廣義加害組）、63 位是廣義性侵害受害組（後續稱為廣義受害組）、726 位是無特別經驗者（後續稱為廣義一般組）。

設（強制＞性侵、廣義加害＞廣義一般），亦予以保留，最後保留 9 題。

　　總計 KSRS-YV-II 篩選出 68 題符合上述條件之題目，如表十八、表十九。

表十八　具有區辨力的 KSRS 項目與自我控制項目

	性侵組／一般組	性侵組／非行組	性侵組內	廣義加害組／一般組／受害組
KSRS 第 001 題	✓		✓	✓
KSRS 第 002 題				✓
KSRS 第 004 題		✓		✓
KSRS 第 006 題	✓	✓		
KSRS 第 008 題	✓			
KSRS 第 011 題	✓	✓		✓
KSRS 第 014 題	✓			
KSRS 第 016 題	✓			
KSRS 第 017 題	✓			
KSRS 第 022 題	✓			
KSRS 第 023 題	✓	✓		✓
KSRS 第 024 題	✓			
KSRS 第 026 題				✓
KSRS 第 028 題	✓	✓	✓	
KSRS 第 029 題			✓	
KSRS 第 031 題		✓	✓	

表十八　具有區辨力的 KSRS 項目與自我控制項目（續）

	性侵組／一般組	性侵組／非行組	性侵組內	廣義加害組／一般組／受害組
KSRS 第 034 題	✓			
KSRS 第 038 題		✓	✓	✓
KSRS 第 039 題	✓	✓		✓
KSRS 第 040 題				✓
KSRS 第 041 題				✓
KSRS 第 046 題	✓		✓	
KSRS 第 049 題	✓	✓		✓
KSRS 第 051 題		✓	✓	
KSRS 第 052 題		✓		
KSRS 第 057 題				✓
KSRS 第 058 題	✓			
KSRS 第 060 題	✓			✓
KSRS 第 064 題	✓			
KSRS 第 066 題	✓	✓	✓	
KSRS 第 070 題	✓	✓	✓	✓
KSRS 第 074 題	✓	✓		✓
KSRS 第 079 題	✓	✓	✓	✓
KSRS 第 086 題	✓			
KSRS 第 089 題				✓
KSRS 第 090 題		✓		✓

表十八　具有區辨力的 KSRS 項目與自我控制項目（續）

	性侵組／一般組	性侵組／非行組	性侵組內	廣義加害組／一般組／受害組
KSRS 第 102 題	✓			
KSRS 第 103 題	✓	✓		
KSRS 第 104 題			✓	✓
KSRS 第 108 題				✓
KSRS 第 112 題	✓	✓	✓	
KSRS 第 114 題	✓	✓		
KSRS 第 115 題				✓
KSRS 第 118 題	✓			
KSRS 第 119 題	✓	✓		
KSRS 第 121 題		✓		
KSRS 第 123 題		✓		✓
KSRS 第 126 題				✓
KSRS 第 127 題	✓	✓		✓
KSRS 第 134 題		✓		
KSRS 第 139 題	✓	✓		✓
KSRS 第 141 題	✓	✓		
KSRS 第 143 題	✓	✓		✓
KSRS 第 149 題		✓		✓
KSRS 第 150 題		✓	✓	✓
KSRS 第 154 題	✓			

表十八　具有區辨力的 KSRS 項目與自我控制項目（續）

	性侵組／一般組	性侵組／非行組	性侵組內	廣義加害組／一般組／受害組
KSRS 第 156 題	✓			
KSRS 第 157 題	✓			
KSRS 第 158 題	✓	✓		✓
KSRS 第 160 題	✓	✓		✓
自我控制第 02 題		✓	✓	
自我控制第 04 題		✓		✓
自我控制第 08 題			✓	✓
自我控制第 09 題		✓		✓
自我控制第 11 題	✓	✓		✓
自我控制第 14 題		✓		✓
自我控制第 15 題	✓			✓
自我控制第 18 題		✓	✓	✓

表十九　各項目具有的區辨方向

項目	項目內容	區辨方向
KSRS 第 001 題	我常喝酒。	性侵 > 一般 合意 > 強制 廣義加害 > 廣義一般
KSRS 第 002 題	我善於交際。	廣義加害 > 廣義受害
KSRS 第 004 題	我一個月就會有一次對性生活的渴望。	非行 > 性侵 廣義加害 > 廣義一般
KSRS 第 006 題	我認為犯強姦罪的人事後不會感到後悔。	一般 > 性侵 非行 > 性侵

表十九 各項目具有的區辨方向（續）

項目	項目內容	區辨方向
KSRS 第 008 題	犯了強姦罪的人應該感到自己像是動物，不是人。	一般＞性侵
KSRS 第 011 題	如果看到了異性的大腿，我就會興奮得不得了。	一般＞性侵 非行＞性侵 廣義加害＞廣義一般
KSRS 第 014 題	我反對男尊女卑的傳統觀念。	一般＞性侵
KSRS 第 016 題	我覺得犯了強姦罪的人應該下地獄。	一般＞性侵
KSRS 第 017 題	我覺得周圍的人看不起我。	性侵＞一般
KSRS 第 022 題	強姦行為要用閹割的重罰才能讓犯者不再犯。	一般＞性侵
KSRS 第 023 題	從小學或國中時代，我就有習慣常常喝酒。	性侵＞一般 非行＞性侵 廣義加害＞廣義一般
KSRS 第 024 題	如果犯強姦罪的人會被判死刑，我就絕對不會做這種行為。	一般＞性侵
KSRS 第 026 題	有時我莫名其妙地不安或恐慌起來。	廣義加害＞廣義一般
KSRS 第 028 題	我使用過毒品。	性侵＞一般 非行＞性侵 機構＞保護＆審理
KSRS 第 029 題	在電視或報紙看到搶劫、殺人、綁架時，我經常會想到將來我也要試試看，一定很刺激，令我興奮。	機構＞保護＆審理
KSRS 第 031 題	我常喝酒之外，也使用一種以上的毒品。	非行＞性侵 機構＞保護＆審理

表十九　各項目具有的區辨方向（續）

項目	項目內容	區辨方向
KSRS 第 034 題	我認為犯強姦罪的人是兩性中的失敗者。	一般＞性侵
KSRS 第 038 題	從小學或國中時代，我好幾次偷拿父母的印章去蓋學校聯絡簿或成績單。	非行＞性侵 機構＞保護 & 審理 廣義加害＞廣義一般
KSRS 第 039 題	我覺得犯了強姦罪的人應該接受閹割手術，讓他絕子絕孫。	一般＞性侵 非行＞性侵 廣義加害＞廣義一般
KSRS 第 040 題	我是一個經常會感覺悲傷的人。	廣義加害＞廣義一般
KSRS 第 041 題	我相信很多異性喜歡跟我在一起。	廣義加害＞廣義一般
KSRS 第 046 題	我相信自己的能力不比別人低。	一般＞性侵 合意＞強制
KSRS 第 049 題	從小學或國中時代，我就常常逃學。	性侵＞一般 非行＞性侵 機構＞保護 & 審理
KSRS 第 051 題	我過去使用過安非他命。	非行＞性侵 機構＞保護 & 審理
KSRS 第 052 題	希望與很喜歡的異性交往時，我經常會想到不管對方肯不肯，只要能把他（她）搶到手就好了。	非行＞性侵
KSRS 第 057 題	我有很強的依賴心。	廣義加害＞廣義一般
KSRS 第 058 題	我認為把異性看做滿足性慾對象的人才會強姦異性。	一般＞性侵
KSRS 第 060 題	我覺得自己是個沒有價值的人。	性侵＞一般 廣義加害＞廣義一般

表十九　各項目具有的區辨方向（續）

項目	項目內容	區辨方向
KSRS 第 064 題	我認為會強姦異性的人都是無法控制自己性衝動的人。	一般＞性侵
KSRS 第 066 題	從小學或國中時代起，我已兩次或兩次以上離家出走，在外過夜，且數日不歸。	性侵＞一般 非行＞性侵 機構＞保護＆審理
KSRS 第 070 題	每談到升學考試時，我經常會想到聯考是一種競爭，為了拿到高分，只要不被發現，作弊也可以。	一般＞性侵 非行＞性侵 機構＞保護＆審理 廣義加害＞廣義一般
KSRS 第 074 題	看了 A 片電影、電視後，我很快就會有性衝動。	一般＞性侵 非行＞性侵 廣義加害＞廣義一般
KSRS 第 079 題	如果看到異性半露的胸部，我就會興奮得不得了。	一般＞性侵 非行＞性侵 強制＞合意 廣義加害＞廣義一般
KSRS 第 086 題	我認為會犯強姦的人都是自卑感強的人。	一般＞性侵
KSRS 第 089 題	我常覺得頭腦很紊亂。	廣義加害＞廣義一般
KSRS 第 090 題	當有人批評我時，我經常會想到他們是偽君子真可惡，將來我會以兩倍的代價讓他們難過。	非行＞性侵 廣義加害＞廣義一般
KSRS 第 102 題	我相信自己也有一些長處。	一般＞性侵
KSRS 第 103 題	我認為會犯強姦罪的人都是攻擊心很強的人。	一般＞性侵 非行＞性侵
KSRS 第 104 題	每年在某一季節我想做強姦行為的衝動就特別強。	強制＞合意 廣義加害＞廣義一般
KSRS 第 108 題	我比什麼人都缺乏自信心。	廣義受害＞廣義一般

表十九　各項目具有的區辨方向（續）

項目	項目內容	區辨方向
KSRS 第 112 題	從小學或國中時代，我就有習慣，只要學校裡發生了讓我不愉快的事，我就帶著書包，不請假自行離開學校。	性侵 > 一般 非行 > 性侵 機構 > 保護 & 審理 混合 > 單純
KSRS 第 114 題	我認為把異性看成洩恨對象的人才會做出強姦行為。	一般 > 性侵 非行 > 性侵
KSRS 第 115 題	女人生來的目的就是為男人傳宗接代。	廣義加害 > 廣義一般
KSRS 第 118 題	在酒或安非他命，或可壯陽的藥物控制下，大部分的人都會做出強姦行為。	一般 > 性侵
KSRS 第 119 題	我覺得犯了強姦罪的人根本不值得同情。	一般 > 性侵 非行 > 性侵
KSRS 第 121 題	我認為犯強姦罪的人是對異性有強烈報復心的人。	非行 > 性侵
KSRS 第 123 題	在眾人面前需要有所表現時，我經常會想到按照自己的意思表現出來，誰敢說不好，我就找機會修理他。	非行 > 性侵 廣義加害 > 廣義一般
KSRS 第 126 題	我相信女人是為了使男人活得快樂而生出來的。	廣義加害 > 廣義一般
KSRS 第 127 題	如果世界上有一個國家是每人可以隨心所欲地做強姦行為，我就一定常去那裡享受那種快樂。	一般 > 性侵 非行 > 性侵 廣義加害 > 廣義一般
KSRS 第 134 題	安非他命會使我感到自己有能力。	非行 > 性侵

表十九　各項目具有的區辨方向（續）

項目	項目內容	區辨方向
KSRS 第 139 題	如果這世上只有我和另一位很有性感的異性，他（她）又拒絕和我有親密關係，我就會強姦她（他）。	一般＞性侵 非行＞性侵 廣義加害＞廣義一般
KSRS 第 141 題	我常覺得自己好像做了不應該做的事。	性侵＞一般 性侵＞非行
KSRS 第 143 題	如果我中意的人要強暴我，我會依他。	一般＞性侵 非行＞性侵 廣義加害＞廣義一般
KSRS 第 149 題	當有某個人說我缺點時，我經常會想到他要好好的給我記住，有機會我一定會讓他很難看。	非行＞性侵 廣義加害＞廣義一般
KSRS 第 150 題	有時，電視節目裡的男女親熱鏡頭，也會使我的性慾強得難以控制。	非行＞性侵 機構＞保護＆審理 廣義加害＞廣義一般
KSRS 第 154 題	我的臨機應變能力很強。	一般＞性侵
KSRS 第 156 題	從小學或國中時代，我就犯過了幾次校規，被記過。	性侵＞一般
KSRS 第 157 題	我不贊成重男輕女的態度。	一般＞性侵
KSRS 第 158 題	如果社會秩序很亂，根本沒有警察，我就會做強姦行為。	一般＞性侵 非行＞性侵 廣義加害＞廣義一般
KSRS 第 160 題	從國中時代，我已經與異性發生過好幾次性關係。	性侵＞一般 非行＞性侵 廣義加害＞廣義一般
自控第 02 題	如果有人惹我生氣，那麼即使在公共場合，我也會大罵那個人。	非行＞性侵 混合＞單純
自控第 04 題	我不太能控制自己的負面情緒。	非行＞性侵 廣義加害＞廣義一般

表十九　各項目具有的區辨方向（續）

項目	項目內容	區辨方向
自控第 08 題	我會去做一些危險而別人不敢做的事。	機構＞保護＆審理 廣義加害＞廣義一般
自控第 09 題	我覺得刺激及冒險比安全重要。	非行＞性侵 廣義加害＞廣義一般
自控第 11 題	我覺得人生很短暫，應該即時行樂。	一般＞性侵 非行＞性侵 廣義加害＞廣義一般
自控第 14 題	我覺得那些腳踏實地的人不夠聰明。	非行＞性侵 廣義加害＞廣義一般
自控第 15 題	我認為大部分的人都會為了順利達成目標而說謊。	一般＞性侵 廣義加害＞廣義一般
自控第 18 題	上課時，我常常被好玩的事所吸引，而沒有聽課。	非行＞性侵 機構＞保護＆審理 廣義加害＞廣義一般

　　最後在 KSRS-YV-II 中共取得十個指標，並將這十個指標視為分量尺，其名稱與所包含的題目列於表二十，同 KSRS-YV 將這十個指標分為兩群，前六個指標偏向「衝動性指標」，後四個指標偏向「規範性指標」。

　　再將原 KSRS 中「自評作答可靠度量尺」併入 KSRS-YV-II 中，雖然此量尺在不同組別間幾乎沒有差異，但此量尺在臨床實務上具有獨特的意義，可以顯示受試者在此份量尺上之反映是否可信，為一個測量有效性的指標。因此，將「自評作答可靠度」的 6 題加入，形成一個 74 題，有十個動態性別關係量尺與一個效度量尺的簡版 KSRS-YV-II。

表二十　KSRS-YV-II 之量尺與所包含項目

量尺名稱	包含項目	包含項目內容
	衝動性指標	
第一量尺：物質使用	KSRS 第 001 題	我常喝酒。
	KSRS 第 023 題	從小學或國中時代，我就有習慣常常喝酒。
	KSRS 第 028 題	我使用過毒品。
	KSRS 第 031 題	我常喝酒之外，也使用一種以上的毒品。
	KSRS 第 051 題	我過去使用過安非他命。
	KSRS 第 134 題	安非他命會使我感到自己有能力。
第二量尺：神經質因素	KSRS 第 017 題	我覺得周圍的人看不起我。
	KSRS 第 026 題	有時我莫名其妙地不安或恐慌起來。
	KSRS 第 040 題	我是一個經常會感覺悲傷的人。
	KSRS 第 057 題	我有很強的依賴心。
	KSRS 第 060 題	我覺得自己是個沒有價值的人。
	KSRS 第 089 題	我常覺得頭腦很紊亂。
	KSRS 第 108 題	我比什麼人都缺乏自信心。
	KSRS 第 141 題	我常覺得自己好像做了不應該做的事。
第三量尺：反社會傾向	KSRS 第 004 題	我一個月就會有一次對性生活的渴望。
	KSRS 第 029 題	在電視或報紙看到搶劫、殺人、綁架時，我經常會想到將來我也要試試看，一定很刺激，令我興奮。
	KSRS 第 038 題	從小學或國中時代，我好幾次偷拿父母的印章去蓋學校聯絡簿或成績單。
	KSRS 第 049 題	從小學或國中時代，我就常常逃學。
	KSRS 第 052 題	希望與很喜歡的異性交往時，我經常會想到不管對方肯不肯，只要能把他（她）搶到手就好了。

表二十　KSRS-YV-II 之量尺與所包含項目（續）

量尺名稱	包含項目	包含項目內容
		衝動性指標
第三量尺：反社會傾向	KSRS 第 066 題	從小學或國中時代起，我已兩次或兩次以上離家出走，在外過夜，且數日不歸。
	KSRS 第 112 題	從小學或國中時代，我就有習慣，只要學校裡發生了讓我不愉快的事，我就帶著書包，不請假自行離開學校。
	KSRS 第 123 題	在眾人面前需要有所表現時，我經常會想到按照自己的意思表現出來，誰敢說不好，我就找機會修理他。
	KSRS 第 156 題	從小學或國中時代，我就犯過了幾次校規，被記過。
	KSRS 第 160 題	從國中時代，我已經與異性發生過好幾次性關係。
	自我控制第 08 題	我會去做一些危險而別人不敢做的事。
第四量尺：衝動性	KSRS 第 090 題	當有人批評我時，我經常會想到他們是偽君子真可惡，將來我會以兩倍的代價讓他們難過。
	KSRS 第 149 題	當有某個人說我缺點時，我經常會想到他要好好的給我記住，有機會我一定會讓他很難看。
	自我控制第 02 題	如果有人惹我生氣，那麼即使在公共場合，我也會大罵那個人。
	自我控制第 04 題	我不太能控制自己的負面情緒。
	自我控制第 09 題	我覺得刺激及冒險比安全重要。
第五量尺：性侵害傾向強	KSRS 第 011 題	如果看到了異性的大腿，我就會興奮得不得了。
	KSRS 第 074 題	看了 A 片電影、電視後，我很快就會有性衝動。

表二十　KSRS-YV-II 之量尺與所包含項目（續）

量尺名稱	包含項目	包含項目內容
	衝動性指標	
第五量尺：性侵害傾向強	KSRS 第 079 題	如果看到異性半露的胸部，我就會興奮得不得了。
	KSRS 第 104 題	每年在某一季節我想做強姦行為的衝動就特別強。
	KSRS 第 127 題	如果世界上有一個國家是每人可以隨心所欲地做強姦行為，我就一定常去那裡享受那種快樂。
	KSRS 第 139 題	如果這世上只有我和另一位很有性感的異性，他（她）又拒絕和我有親密關係，我就會強姦她（他）。
	KSRS 第 143 題	如果我中意的人要強暴我，我會依他。
	KSRS 第 150 題	有時，電視節目裡的男女親熱鏡頭，也會使我的性慾強得難以控制。
	KSRS 第 158 題	如果社會秩序很亂，根本沒有警察，我就會做強姦行為。
第六量尺：享樂意願	KSRS 第 070 題	每談到升學考試時，我經常會想到聯考是一種競爭，為了拿到高分，只要不被發現，作弊也可以。
	自我控制第 11 題	我覺得人生很短暫，應該即時行樂。
	自我控制第 14 題	我覺得那些腳踏實地的人不夠聰明。
	自我控制第 15 題	我認為大部分的人都會為了順利達成目標而說謊。
	自我控制第 18 題	上課時，我常常被好玩的事所吸引，而沒有聽課。

表二十　KSRS-YV-II 之量尺與所包含項目（續）

量尺名稱	包含項目	包含項目內容
		規範性指標
第七量尺：性侵者內在問題	KSRS 第 058 題	我認為把異性看做滿足性慾對象的人才會強姦異性。
	KSRS 第 064 題	我認為會強姦異性的人都是無法控制自己性衝動的人。
	KSRS 第 086 題	我認為會犯強姦的人都是自卑感強的人。
	KSRS 第 103 題	我認為會犯強姦罪的人都是攻擊心很強的人。
	KSRS 第 114 題	我認為把異性看成洩恨對象的人才會做出強姦行為。
	KSRS 第 121 題	我認為犯強姦罪的人是對異性有強烈報復心的人。
第八量尺：性侵害責難	KSRS 第 006 題	我認為犯強姦罪的人事後不會感到後悔。
	KSRS 第 008 題	犯了強姦罪的人應該感到自己像是動物，不是人。
	KSRS 第 016 題	我覺得犯了強姦罪的人應該下地獄。
	KSRS 第 022 題	強姦行為要用閹割的重罰才能讓犯者不再犯。
	KSRS 第 024 題	如果犯強姦罪的人會被判死刑，我就絕對不會做這種行為。
	KSRS 第 034 題	我認為犯強姦罪的人是兩性中的失敗者。
	KSRS 第 039 題	我覺得犯了強姦罪的人應該接受閹割手術，讓他絕子絕孫。
	KSRS 第 118 題	在酒或安非他命，或可壯陽的藥物控制下，大部分的人都會做出強姦行為。
	KSRS 第 119 題	我覺得犯了強姦罪的人根本不值得同情。

表二十　KSRS-YV-II 之量尺與所包含項目（續）

量尺名稱	包含項目	包含項目內容
規範性指標		
第九量尺：正常量尺	KSRS 第 002 題	我善於交際。
	KSRS 第 041 題	我相信很多異性喜歡跟我在一起。
	KSRS 第 046 題	我相信自己的能力不比別人低。
	KSRS 第 102 題	我相信自己也有一些長處。
	KSRS 第 154 題	我的臨機應變能力很強。
第十量尺：男女平等態度	KSRS 第 014 題	我反對男尊女卑的傳統觀念。
	KSRS第115題（反）	女人生來的目的就是為男人傳宗接代。
	KSRS第126題（反）	我相信女人是為了使男人活得快樂而生出來的。
	KSRS 第 157 題	我不贊成重男輕女的態度。
效度量尺		
第十一量尺：自評作答可靠度	KSRS 第 082 題	以上我所做的回答都是可靠的。
	KSRS 第 093 題	以上我所做的回答都非常可靠。
	KSRS 第 111 題	以上我所做的回答都相當可靠。
	KSRS第130題（反）	以上我所做的回答都非常不可靠。
	KSRS第148題（反）	以上我所做的回答都相當不可靠。
	KSRS第162題（反）	以上我所做的回答都不可靠。

六、KSRS-YV-II 信度檢驗：內部一致性檢驗

　　以全部樣本共 1,000 人以上，進行 KSRS-YV-II 量表共十一個量尺的內部一致性分析。結果顯示，共有八個量尺之內部一致性在 0.70 以上，

顯示具有良好之信度。第六、第九與第十量尺因為題目數偏少，本身就會使得內部一致性偏低。詳細結果如表二十一。

七、KSRS-YV-II 效度檢驗：輻合效度與內容效度分析

　　將十一個量尺分數計算出來後，做相關分析以檢驗指標之間的關聯性（表二十二）。結果發現，衝動性指標中的第一（物質使用）、第三（反社會傾向）、第四（衝動性）、第五（性侵害傾向強）與第六（享樂意願）量尺五個量尺分數之間，除了物質使用與享樂意願間之外，都有中度以上的正相關（物質使用與反社會傾向有高度正相關）。第二量尺（神經質因素）則只與第四、第六量尺間有中度正相關。第一與第三量尺雖然相關高，反映出有高度反社會傾向的人就有較高的可能性曾使用過酒精與毒品，但此兩者可能各有其獨自對性侵害行為人的辨識力，因此不考慮結合。其他概念則內容品質不同，對性侵害行為人的描寫也可以更多樣性，因此也不考慮合併。

　　規範性指標的四個量尺分數中，僅有第七量尺（性侵者內在問題）與第八（性侵害責難）、第九（正常）量尺則有中度正相關，其餘彼此間只有低度正相關。綜合而言，規範性指標內的量尺較偏向各自獨立。

　　在衝動性指標與規範性指標之間，大部分都在低度相關的範圍內（−0.30 到 0.30），由於統計的人數眾多，因此其顯著性應不具太多意義。惟第七量尺（性侵者內在問題）只和第六量尺有中度正相關；第十量尺（男女平等態度）和第三量尺（反社會傾向）則有中度負相關；第十一量尺（自評作答可靠性）和第十量尺（男女平等態度）有中度正相關。

表二十一　KSRS-YV-II 信、效度檢驗

結構	量尺名稱	題數	信度	性別	性侵 非行 一般	處遇類型	性侵 類型	案件 類型	廣義加害 廣義受害 一般
	1. 物質使用	6	0.803	男>女	非>性>一	機>保&審		混>單	加害>一般
	2. 神經質因素	8	0.790		性>一	審>保			加害>一般 受害>一般
衝動性指標	3. 反社會傾向	11	0.853	男>女	非>性>一	機>保&審		混>單	加害>受害 加害>一般
	4. 衝動性	5	0.718	男>女	非>性&一			混>單	加害>一般
	5. 性侵害傾向強	9	0.864	男>女	非>性一>性		強>合		加害>受害 加害>一般
	6. 享樂意願	5	0.640	男>女	非&一>性	機>保&審		混>單	加害>一般
規範性指標	7. 性侵害者內在問題	6	0.709	男>女	非&一>性				
	8. 性侵害責難	9	0.75		一>非>性				
	9. 正常量尺	5	0.649	男>女	一>性		合>強		
	10. 男女平等態度	4	0.543	女>男	一>性&非				一般>加害

表二十二　KSRS-YV-II 量尺間之相關係數

	量尺01	量尺02	量尺03	量尺04	量尺05	量尺06	量尺07	量尺08	量尺09	量尺10
量尺02	0.20***									
量尺03	0.76***	0.29***								
量尺04	0.39***	0.48***	0.56***							
量尺05	0.46***	0.28***	0.59***	0.54***						
量尺06	0.28***	0.42***	0.43***	0.61***	0.50***					
量尺07	0.17***	0.23***	0.24***	0.29***	0.29***	0.34***				
量尺08	-0.01	0.11***	0.02	0.20***	0.11***	0.20***	0.52***			
量尺09	0.16***	0.02	0.23***	0.18***	0.21***	0.23***	0.33***	0.22***		
量尺10	-0.29***	-0.02	-0.33***	-0.19***	-0.29***	-0.10***	0.08	0.11***	0.18***	
量尺11	-0.10***	-0.06	-0.10***	-0.13***	-0.18***	-0.06	0.14***	0.12***	0.29***	0.33***

八、KSRS-YV-II 效度檢驗：區辨效度 1（在性別間的差異）

以性別進行獨立樣本 T 檢定，檢視在 KSRS-YV-II 中所得的十一個心理動態危險因子指標是否也有性別差異（表二十一）。同樣考量到不同組間的性別分布過於不平均，只挑選一般組的樣本進行。

十一個量尺中有顯著性別差異的量尺共有九個，其中男性分數顯著高於女性的為第一（物質使用）、第三（反社會傾向）、第四（衝動性）、第五（性侵害傾向強）、第六（享樂意願）、第七（性侵者內在問題）與第九（正常）量尺等，而女性顯著高於男性的則只有第十（男女平等態度）量尺。因此結果顯示，一般青少年男性比女性有較多的酒精毒品使用經驗、較高的反社會傾向、較多的衝動性、較強的性侵害傾向、心態較贊成享樂與好逸惡勞、較同意性侵害者的自我規範能力較差，也有較高的正常感。而青少年女性則有較強的男女平等態度。

九、KSRS-YV-II 效度檢驗：區辨效度 2（組間差異）

利用單因子變異數分析，將此十一個量尺放入組間（性侵組、非行組、一般組）比較之中（表二十三）。結果發現除了自評作答可靠度之外，衝動性與規範性指標的十個量尺都有組間差異。在第一量尺的物質使用上面，全部三組都有差異存在，由非行組報告最常使用，其次為性侵害組，一般國高中生報告最少。在第二量尺上面，性侵害組顯著地比一般青少年有較高的神經質。在第三量尺的反社會傾向上三組皆有差異，最高為非行組，其次依序為性侵害組與一般組。在第四量尺上，非行組比另外兩組有顯著較多的衝動性。在第五量尺上所顯示的，非行組與一般組都顯著地比性侵害組報告出較強的性侵害傾向，可能推論為性侵害組有掩飾自己的表現。在第六量尺的享樂意願中也一樣，顯示出性侵害組比另外兩組有較低的分數，可能顯示青少年性侵害行為人希望能

夠表現出願意腳踏實地、認真的態度。在第七量尺上也有類似的狀況，性侵害組與另外兩組相比，較不認為性侵害行為與個人的內在衝動問題有關，可能是試圖解釋沒有縱容自己犯下性侵害行為。第八量尺中三組都有顯著差異，顯示一般青少年最同意犯下性侵害的人應該受到懲罰，其次為非行少年，最少的則是性侵害組。在第九量尺中，性侵害組明顯比一般組更覺得自己許多表現不如人。在第十量尺中，非行組和性侵害組都同樣地比一般青少年有較多的男女不平等觀念。

表二十三　KSRS-YV-II 各量尺分數在三組樣本上的 ANOVA

	組別	樣本數	平均值	標準差	F 值	事後檢定
第一量尺：物質使用	性侵害	188	10.44	5.10	116.60***	非行＞性侵害
	非行	205	15.49	7.13		非行＞一般
	一般	256	7.96	3.40		性侵害＞一般
第二量尺：神經質因素	性侵害	188	20.85	8.00	5.06**	性侵＞一般
	非行	205	19.40	7.67		
	一般	255	18.50	7.48		
第三量尺：反社會傾向	性侵害	187	24.28	9.36	123.20***	非行＞性侵害
	非行	202	32.06	10.85		非行＞一般
	一般	248	18.69	6.79		性侵害＞一般
第四量尺：衝動性	性侵害	87	9.83	4.54	16.94***	非行＞性侵害
	非行	202	13.46	5.29		非行＞一般
	一般	250	11.53	5.22		

表二十三　KSRS-YV-II 各量尺分數在三組樣本上的 ANOVA（續）

	組別	樣本數	平均值	標準差	F 值	事後檢定
第五量尺：性侵害傾向強	性侵害	188	15.28	6.27	20.94***	非行＞性侵害
	非行	203	20.55	8.69		一般＞性侵害
	一般	250	18.91	9.07		
第六量尺：享樂意願	性侵害	87	10.49	4.12	14.35***	非行＞性侵害
	非行	199	13.94	5.17		一般＞性侵害
	一般	250	13.48	5.48		
第七量尺：性侵者內在問題	性侵害	188	15.34	6.18	18.25***	非行＞性侵害
	非行	205	18.71	7.13		一般＞性侵害
	一般	255	18.91	6.64		
第八量尺：性侵害責難	性侵害	188	25.72	8.58	31.24***	一般＞非行
	非行	205	29.53	8.88		一般＞性侵害
	一般	254	32.69	9.79		非行＞性侵害
第九量尺：正常量尺	性侵害	188	18.59	4.91	10.60***	一般＞性侵害
	非行	206	19.65	5.04		
	一般	255	20.74	4.73		
第十量尺：男女平等態度	性侵害	188	18.06	3.78	18.61***	一般＞性侵害
	非行	203	17.66	4.19		一般＞非行
	一般	255	19.79	4.01		
第十一量尺：自評作答可靠度	性侵害	188	30.84	6.13	1.90	
	非行	202	29.70	6.25		
	一般	250	30.61	6.24		

** $p < 0.01$, *** $p < 0.001$

十、KSRS-YV-II 效度檢驗：區辨效度 3（性侵害類型差異）

後續將比較性侵組內不同類型是否在 KSRS-YV-II 的十一個量尺上有差異（表二十一）。在性侵類型上，發現兩個量尺可以區分「合意」與「強制」的不同。結果發現，「強制」類型的性侵害行為人，有較強的性侵害傾向與較低的正常感；亦即認為自己比較產生性衝動、容易犯下性侵害的行為，同時認為自己在許多表現上可能不如一般人。原本假設「強制」類型的行為人有較高的偏差表現，而「合意」類型則較接近一般人，所以假設和此結果一致。

十一、KSRS-YV-II 效度檢驗：區辨效度 4（處遇方式差異）

在處遇方式上（表二十一），結果發現 KSRS-YV-II 的衝動性指標中有四個量尺可以區分安置於「機構」中的性侵害行為人與其他兩類的不同。綜合而言，在誠正中學（機構）的行為人有較多的酒精與毒品使用行為、反社會傾向較高，以及較多好逸惡勞的心態。原先假設「機構」中之個案應較為偏差，結果依然如此。

而仍在審理階段的行為人，則比已進入保護管束階段的行為人有更高的神經質表現。可能顯示此神經質表現是因為行為人需要應付司法審理壓力所產生的行為結果。

十二、KSRS-YV-II 效度檢驗：區辨效度 5（案件類型差異）

在單純／混合案件方面（表二十一），發現衝動性指標的四個量尺可以區分這兩類的不同。綜合而言，在犯下性侵害行為的同時還有其他犯行的行為人，有更多的酒精毒品使用行為、反社會傾向較高、衝動性較高、好逸惡勞心態較強。這些量尺差異方向都和原先「混合案件」類

型較偏差的假設一致。

十三、KSRS-YV-II 效度檢驗：區辨效度 6（在廣義性侵害各組間之差異）

　　將 KSRS-YV-II 的十一個量尺分數同樣放入單因子變異數分析，比較廣義性侵害的組間差異（表二十一）。結果發現，衝動性指標中所有六個量尺皆可以找出組間差異。在物質使用、神經質、反社會傾向、衝動性、性侵害傾向強、享樂意願等量尺上，都可發現廣義加害組的得分比廣義一般組高，顯示在社區場合之中，有做出性侵害行為的青少年，同時也有較高的比率已試過喝酒和使用毒品，神經質的表現較多、反社會的性格已出現、較難控制衝動、認為自己較容易有性衝動與侵害行為，也比較有好逸惡勞的心態。而上述在 KSRS 原始量尺中所發現的推論在此也可以看到，亦即與進入司法程序中的個案相比，在社區中的性侵害者會報告出較高的衝動性、較強的性侵害傾向、享樂意願，而沒有自我辯解的表現。

　　廣義受害組在神經質上與廣義一般組不同。因此，曾受過性侵害行為的青少年有較多的神經質行為表現。而廣義受害組與廣義加害組在反社會傾向與性侵害傾向強兩個量尺上有不同的表現；相較之下，受過性侵害行為的青少年就不會有反社會的性格傾向以及不認為自己有較高的性衝動或性侵害傾向。

　　在規範性指標中，僅有男女平等態度的量尺分數有顯著差異。與一般的青少年相比，有過廣義性侵害行為的青少年較不同意男女平等的觀念。

陸、KSRS-YV-II 實施方法說明

一、使用個別與團體施測的方法

　　實施方法可分為個別施測方法與團體施測方法，因本版本為有利於團體施測，將題數減少而成簡短版本。當然，為求測驗結果正確、有效，建議盡量使用個別施測的方法。

　　使用個別施測方法的優點是：

1. 受測者對於量表有任何疑問時，隨時可問施測人員，並給予說明、解答疑惑！減少作答上對題目的誤解或亂答現象。
2. 做完量表後，施測者可立即檢查作答結果，若有漏答，或同一項目有兩個作答記號時，可當場請受試者補答或訂正。
3. 施測者可做行為觀察，觀察受測者的作答態度，作為整體評估的參考。

　　使用團體施測方法的優點是：時間上較經濟，同時可施測 1 名以上的受測者。柯氏在 KSRS 的施測手冊中建議，若要以團體施測方式進行時，盡量人數不要超過 20 名，如此可使受測者與施測者的互動、溝通較方便、容易。

　　使用團體施測方法的缺點是：

1. 容易引起受測者的競爭心，比快，導致草率作答，影響作答可靠度。
2. 有些受測者對於題目有疑問時，因個性不敢在眾人面前發問，導致不作答或以一知半解的態度作答，影響測驗結果的可靠性。
3. 人數越多越不容易做行為觀察。

　　不管個別施測或團體施測，建議施測者都要立即檢查受測者的作答狀況，免得因漏答或同一項目有兩個作答記號時，導致測驗無效。

二、受測者的教育程度使用限制

　　本測驗的使用對象是正值國中、高中職之青少年，目前國內教育水準普遍有國中以上學歷，以受測者的施測能力應可完成。若施測者感到受測者無法了解題意、已知其有智力功能障礙者、國中即輟學者，可考慮使用個別施測法。

三、施測步驟

1. 分發量表與答案紙。
2. 先填寫基本資料表，告知且保證所有資料皆會保密，請受測者放心作答。不管個別或團體，建議由施測者帶領受測者一題一題進行，建立良好的作答態度和增加正確性。
3. 依照 KSRS-YV-II 題本封面上的指導語，向受測者說明實施此量表的目的及作答方式。
4. 說明題本上的例題 1 與例題 2，尤其要說明清楚在什麼情況下要圈答 1 或 2 或 3 或 4 或 5 或 6。
5. 要提醒受測者，說明題本上的題號一定要和答案紙上的題號一致，換句話說，答案要圈在答案紙上正確的地方。
6. 施測時間約為 20 到 30 分鐘，但可告訴受測者，此量表的作答時間並沒有時間限制，原則上請受測者仔細閱讀每一題，在了解題意後，圈選出最符合自己狀況的答案；而且按照所問內容及自己的實際情形作答，不需做太多的聯想或解釋。

四、記分方法

(一) 量表內容及題號（表二十四）

表二十四　各量尺之題號及記分方式

指標	分量尺	題　號
衝動性指標	第一量尺：物質使用	7、19、26、59、64、73
	第二量尺：神經質因素	1、2、13、18、21、32、48、58
	第三量尺：反社會傾向	17、24、25、43、44、53、54、60、65、68、70
	第四量尺：衝動性	5、11、14、40、41
	第五量尺：性侵害傾向強	8、30、33、36、50、55、57、66、71
	第六量尺：享樂意願	9、20、23、56、72
規範性指標	第七量尺：性侵者內在問題	6、27、28、37、42、45
	第八量尺：性侵害責難	10、16、29、31、34、38、49、51、61
	第九量尺：正常量尺	3、35、46、62、67
	十量尺：男女平等態度	4、12（反向記分）、44、69（反向記分）
	十一量尺：自評作答可靠度	15、22（反向記分）、39、52、63（反向記分）、74（反向記分）

(二) 每量尺高分（超過 75%）、低分（低於 25%）的意義，整理如表二十五。

表二十五　各量尺高低分之意義

量尺	高分的意義	低分的意義
第一量尺： 物質使用	得分高者代表受測者有物質使用的紀錄（尤其是酒與安非他命），需注意物質使用跟性犯罪之間的關聯性。	得分低者代表受測者的沒有物質使用的紀錄。 注意受測者是否有否認的現象！
第二量尺： 神經質因素	得分高者代表受測者容易緊張、焦慮、不安，依賴心強，缺乏自信心，常會覺得周圍的人會看不起自己，而自己頭腦紊亂，並經常感到悲傷。	得分低者代表受測者是一獨立自主，情緒平穩，有自信心的人。 或者受測者會高估自己的表現，會忽略自己的感受，是一自我覺察能力不好的人。
第三量尺： 反社會傾向	得分高者代表受測者有做出違反校規、離校、逃學、離家等非行的行為，經常想要按照自己的意思表現，無視他人的想法，國中起就有性關係，並對性生活渴望。	得分低者代表受測者循規蹈矩，能夠遵守規範，不曾做出違反他人權益之行為。 也可能對此具否認之傾向。
第四量尺： 衝動性	得分高者代表受測者的衝動控制能力不好，例如無法接受他人的批評，易怒，無法控制自己的負面情緒，喜歡冒險、刺激。	得分低者代表受測者的自我控制能力良好。也可能對此具否認之傾向。
第五量尺： 性侵害傾向強	得分高者代表受測者性侵害之傾向較強。易受刺激而有性衝動，當有性衝動時，若無有效的外在監控（認為不會被發現），犯性侵害的可能性增高。可以作為是否為一「強制」類型性侵害行為人的重要指標。[4]	得分低者代表受測者對性刺激的自我控制良好，能自我約束或較少想入非非的現象，所以，較少性衝動的現象，或自認為性衝動是在自己可控制的範圍。即使有性衝動或性幻想，會產生行動的可能性低。 也可能對此具否認之傾向。

4　強制性交者比合意性交者有較強的性侵害傾向，可參照「少年性侵害行為人之常模」。

表二十五　各量尺高低分之意義（續）

量尺	高分的意義	低分的意義
第六量尺：享樂意願	得分高者代表受測者自認為聰明，有著投機的心態，著重在眼前的享樂和快樂上，較以自我為中心，喜歡走捷徑。曾經因為自己的小聰明而獲利或逃避責任，反而會因無法立即滿足，帶給受測者的內心更多焦慮或不安。	得分低者代表受測者有較正確的觀念和想法，能夠腳踏實地，不會投機取巧，能夠用適當的方法來達到目標和目的。也可能對此具否認之傾向。
第七量尺：性侵者內在問題	得分高者代表受測者認為「強姦異性的人」之內在可能是有問題，可能是攻擊性強、自卑感強、無法控制自己性衝動的人，甚至是對異性具有強烈報復心，把異性看做滿足性慾與洩恨的對象。	得分低者代表受測者認為強姦異性的人並不是內在有問題的人。具否認性慾攻擊之傾向。
第八量尺：性侵害責難	得分高者代表受測者認同性侵加害者需要被嚴格懲罰，才不會違犯，且認為加害者缺乏同理心。	得分低者代表受測者不認同性侵加害者需要被嚴格懲罰，會為自己的加害行為做出否認或合理化的解釋。表面上不認為自己會再犯或對再犯顯得不在乎，容易忽略懲罰的效果而再犯。
第九量尺：正常量尺	得分高者代表受測者是心理健康的，相信自己在能力上、人際互動、異性交往以及臨機應變上，傾向正面的自我評價。	得分低者代表受測者的心理不健康或需要被關注，在能力上、人際互動、異性交往以及臨機應變上，傾向負面的自我評價。
第十量尺：男女平等態度	得分高者代表受測者具有兩性平等的觀念，知道要尊重女性。	得分低者代表受測者尚未建立兩性平等的觀念，具有男尊女卑的想法，較不懂得尊重女性，可能會貶低或輕視女性。

表二十五　各量尺高低分之意義（續）

量尺	高分的意義	低分的意義
第十一量尺：自評作答可靠度	得分高者代表受測者自認在量表所做的回答均屬事實，沒有做假及謊答的現象。 初步代表受測者的測驗結果可靠性偏高，有解釋的意義和價值。	得分低者代表受測者自認在量表所做的回答真實性不高，有做假及謊答的現象。 初步代表受測者的測驗結果可靠性偏低，在解釋上容易產生偏誤，可能有刻意討好、不在意或過度心理防衛的現象。

(三) 各量尺總分的登錄方法

　　依照上述各量尺計分方法算出受測者在各量尺的得分後，依各量尺將原始分數登錄在作答下方空格內，再將其分數逐一登錄在附錄的各量表百分位數表上。

　　常模分數表有四種，分別為少年性侵害行為人之常模分數、一般少年版本之常模分數、一般男性少年版本之常模分數、一般女性少年版本之常模分數，可依受測者類別以最適當的常模得出該受測者的百分位數。

　　若受測者為一少年性侵害行為人，通常建議採取一般少年版本之常模分數進行參照即可，以辨識該行為人相較於一般少年之偏差傾向，但由於性侵害行為人在第五、六量尺（性侵害傾向強、享樂意願）具否認傾向，因此針對性侵害行為人，此兩量尺可另外參照少年性侵害行為人之常模分數較佳。若嫌此舉太過麻煩，亦可直接參照少年性侵害行為人之常模。

　　舉例說明 1：受測者是一位少年性侵害行為人，參考少年性侵害行為人之常模分數。其第一量尺（I）得 9 分、第二量尺（II）得 26 分，則

分別在百分位數表I：物質使用上，以筆將9圈起來，在II：神經質因素上，以筆分別將 26 圈起來，其他量尺依此類推。當每一量尺的得分都圈起來後，從上到下，將圈選出的數字以筆逐一連接起來，如此可以形成受測者之個人得分剖（側）面圖。當剖面圖畫出之後，施測者或評估者可快速了解到施測者在相關議題的態度和為人，一方面幫助受測者自我了解，可跟受測者做說明、澄清及了解受測者背後的想法；另一方面可了解受測者有哪些問題是需要幫助其解決及改善的。

　　舉例說明 2：受測者是一位少年性侵害行為人，在參考少年性侵害行為人之常模分數時，因其第一量尺（I）得 12 分、第二量尺（II）得 28 分，可發現無正確之數字可圈選，有兩項原則可依循，一是就近圈選最接近的數字；二是不影響解釋（此原則優先考慮），因百分位數等於或低於25%、高於75%才有解釋上的意義，雖然第一量尺（I）得 12 分，較接近 13 分，但只可圈選 9，分數還不到需要注意及解釋的程度；第二量尺（II）得 28 分，接近 29，可就近圈選 29，因分數已經高於達到 75% 的 26 分，所以圈選 29 並不會影響該量尺的解釋。

(四) 得分剖（側）面圖的解釋

 1. 百分位數的意義

　　百分等級在常模表的上方欄位，分別列出 5% 到 95% 之數字，代表受測者在 100 個人當中所占的順位。若受測者的百分位數等於或低於25%、等於或高於 75%，表示該量尺對受測者有解釋上的意義，施測者及評估者需要特別注意。

　　舉例說明 1：受測者是一位少年性侵害行為人，在第一量尺原始分數為 9 分，則該受測者在第一量尺的百分位數為 50%，代表受測者在 100 個人當中在第 50 位，屬於中等，跟一般人相同，並無特別意義。

舉例說明 2：受測者是一位**少年性侵害行為人**，在第一量尺原始分數為 21 分，則該受測者在第一量尺的百分位數為 95%，代表受測者在 100 個人當中在第 95 位，得分比受測者高者可能有 5 人，具有解釋上的意義。

舉例說明 3：受測者是一位少年性侵害行為人，在第一量尺原始分數為 6 分，則該受測者在第一量尺的百分位數為等於 25% 及以下，代表受測者在 100 個人當中在第 25 位以下，分數極低，得此分者在 100 人當中可能還有 25 人，但無人會比此得更低的原始分數，具有解釋上的意義。

2. 百分位數如何判讀？

原則上，判讀百分位數表的剖面圖時，應優先注意得分等於或低於 25%、等於或高於 75% 者，因為這兩項分數皆已經偏離一般人所得到分數的分布範圍，表示其心理素質和想法可能跟一般人相當不同，有進一步探討之必要。

五、測驗結果之解釋與說明

KSRS-YV-II 的答案紙包括兩部分，一部分是基本資料的蒐集；另一部分是受測者所圈選出的結果，並計算出各量尺的原始分數。

(一) 從基本資料來瞭解受測者

綜合相關研究的探討，讓施測者或評估者可以很快從基本資料了解及形成對個案的初步樣貌。

性侵害的類型不同，可能顯示青少年性侵害行為人的心理特質和認

知，並從各量表上容易顯示出差異。「強制」類型的性侵害行為人，相對於合意性交者，有較強的性侵害傾向與較低的正常感；亦即認為自己比較容易產生性衝動、容易犯下性侵害的行為，同時認為自己在許多表現上可能不如一般人。

有做出性侵害行為的青少年，同時也有較高的比率已試過喝酒和使用毒品，神經質的表現較多、反社會的傾向已出現、較難控制衝動、認為自己較容易有性衝動與侵害行為，也比較有好逸惡勞的心態。在犯下性侵害行為的同時還有其他犯行的行為人，有更多的酒精毒品使用行為、反社會傾向較高、衝動性較高、好逸惡勞心態較強。兩者之間有明顯的共通性。

在機構（例如誠正中學）的性侵害行為人有較多的酒精與毒品使用行為、反社會傾向較高，以及較多好逸惡勞的心態。

整理相關研究後，可發現青少年性侵害行為人的基本特質如下：一般具有早發性的性行為（如超過七成的行為人第一次性經驗年齡在 15 歲以下），國中至高一階段是性行為激增期；大部分的人在學校與社會適應是有問題的，其犯案前輟學情形嚴重（約有一半的比例為國中肄業，其次則為高中肄業）；且犯案前普遍曾被控告過其他罪行（以竊盜最多，其次則為傷害、恐嚇、強盜及麻醉藥品，六成具有前科紀錄）；家庭通常是不完整的（如父母婚姻關係不完整高達 75.3%）且社經地位較低；超過八成的行為人與被害人是認識的（大部分是自己的女朋友，達 45.9%），發生性侵事件的原因則以沒什麼特別原因或喜歡被害人最多（63%），往往忽略情感關係的培養而直接進行性行為；對性侵害之法律認知不足；犯罪手法六成以上並沒有使用暴力手段。

在家庭方面，有一半的青少年性侵害行為人其父母有一方已死亡，將近三成表示家庭成員有犯罪前科；父母婚姻較不健全；家庭社經地位較低。相對地，若父母親婚姻狀況越完整、家庭社經地位越高、家庭控制以及學校控制越高之少年，其自我控制程度亦較高，且自我控制程度較高之少年，參與室內型及運動型活動頻率亦越高，但參與遊樂型活動之頻率越低。

從家庭結構、與父母相關的資料及關係、主要照顧者，及教養方式來看青少年性侵害事件，不難發現若家庭結構不完整、父母離婚、主要照顧者不是父母，和放任的教養態度，對性侵害行為人具有指標性的意義。

綜觀邱惟真（2013）研究資料顯示，「單親」、「父母離婚」、「主要照顧者為祖父母或其他者」、「放任」的教養方式、「貧乏」的家庭經濟狀況、有「性經驗」等，可能為青少年性侵害之脆弱因子；另一方面，「與父母同住」、「親生父母健在」、「主要照顧者為父母」、「開明」的教養方式、無「性經驗」，則為青少年的保護因子。

(二) 不同受測者在各量表的表現傾向（表二十六）

表二十六　不同受測者在各量表的表現傾向

指標	分量尺	不同受測者的表現傾向
衝動性指標	第一量尺：物質使用	非行少年報告最常使用，其次為性侵害行為人，一般國高中生最少。
	第二量尺：神經質因素	性侵害行為人顯著地比一般青少年有較高的神經質。仍在審理階段的行為人，則比已進入保護管束階段的行為人有更高的神經質表現。可能顯示此神經質表現是因為行為人需要應付司法審理壓力所產生的行為結果。曾受過性侵害行為的青少年有較多的神經質行為表現。
	第三量尺：反社會傾向	最高為非行少年，其次依序為性侵害行為人與一般人。
	第四量尺：衝動性	非行少年比性侵害行為人與一般人有顯著較多的衝動性。
	第五量尺：性侵害傾向強	與其他人相較，性侵害行為人在此量尺較有可能掩飾自己的表現。但若將性侵害行為人區分為強制與合意性交兩類，強制性交者高於合意性交者（可參照少年性侵害行為人常模）。
	第六量尺：享樂意願	性侵害行為人比非行少年、一般人有較低的分數，可能顯示青少年性侵害行為人不認為自己有投機取巧，反而是希望能夠表現出願意腳踏實地、認真的態度。性侵害行為人較容易將性侵害解釋為合意的，需注意是否有為自己行為辯解的現象！

表二十六　不同受測者在各量表的表現傾向（續）

指標	分量尺	不同受測者的表現傾向
規範性指標	第七量尺：性侵者內在問題	性侵害行為人較不認為性侵害者具有內在的問題，可能是試圖否認自己有性慾攻擊之傾向。
	第八量尺：性侵害責難	一般青少年最同意犯下性侵害的人應該受到懲罰，其次為非行少年，最少的則是性侵害行為人。
	第九量尺：正常量尺	性侵害行為人明顯比一般人更覺得自己許多表現不如人。
	十量尺：男女平等態度	青少年女性比男性有較強的男女平等態度。非行少年和性侵害行為人都同樣地比一般青少年有較多的男女不平等觀念。在社區場合中，亦發現廣義性侵害加害人比一般青少年有較多的男女不平等觀念，為一穩定之區辨指標。
	十一量尺：自評作答可靠度	自評作答可靠度高較具有解釋上的意義。

(三) 各量尺之間的相關與意義（表二十七）

表二十七　量尺之間的相關與意義

量尺之間的相關	合併各項指標來看其意義
物質使用、反社會傾向、衝動性、性侵害傾向強、享樂意願之間，除了物質使用與享樂意願間之外，都有中度以上的正相關，而物質使用與反社會傾向則有高度正相關。	反映出有高度反社會傾向的人就有較高的可能性曾使用過酒精與毒品。 在犯下性侵害行為的同時還有其他犯行的行為人，有更多的酒精毒品使用行為、反社會傾向較高、衝動性較高、好逸惡勞心態較強。 即使在社區場合中，有做出性侵害行為的青少年同時也有較高的比例已試過喝酒和使用毒品，神經質的表現較多、反社會的傾向已出現、較難控制衝動、認為自己較容易有性衝動與侵害行為，也比較有好逸惡勞的心態。

表二十七　量尺之間的相關與意義（續）

量尺之間的相關	合併各項指標來看其意義
神經質因素、衝動性、享樂意願有中度正相關。	有神經質傾向的人，較難控制衝動，也比較有好逸惡勞的心態。
性侵者內在問題與性侵害責難、正常量尺有中度正相關。	視「強姦異性的人」是可能具有內在問題，需要被嚴格懲罰才不會違犯，並自認為自己是心理健康的人。 與他人相較，性侵害行為人均表現較低，顯示性侵害行為人有卸責逃避之傾向。 值得注意的是，合意性交者在正常量尺中高於強制性交者。
性侵者內在問題和享樂意願有中度正相關。	有性慾攻擊傾向者，也比較有好逸惡勞的心態。
男女平等態度和反社會傾向有中度負相關。	反映出有反社會傾向的人，在兩性平等與平權的觀念是較薄弱的。
自評作答可靠性和男女平等態度有中度正相關。	當自評作答可靠度可被接受，男女平等態度亦可視為區辨一般少年與性侵害行為人之重要指標。

(四) 綜合評估與建議

1. 假若受測者是因酒後與人強制發生性行為，在第一量尺的得分高於 75%，在處遇上除了建議喝酒行為需要戒除外，在衝動性指標之其他量尺上往往都有意義的，若受測者能清楚區辨出來，顯示其自我了解程度和有自我覺察的能力，可針對其需要改善部分做討論、輔導。若受測者無法了解酒精的影響與背後的原因，可能需要花更多時間在自我認識與了解上的探討，若受測者動機低，建議先加強外在監控，並施與醫學常識及法律常識的教育與討論，避免因施用物質而再犯，或再涉及到使用毒品的罪刑，毒品往往容易衍生其他犯行。

2. 假若受測者有神經質的特質，在第二量尺的得分高於 75%，容易因情緒問題或壓力下，做出錯誤的判斷，甚至做出性侵害，受測者需要加強情緒管理與壓力調適，使其在面對情緒問題或壓力時，可緩和其情緒，並找出可以因應的方法，訓練獨立自主之能力，建立較正向的自我形象。

3. 假若受測者在第三量尺的得分高於 75%，顯示有反社會傾向，此量尺與物質使用有高相關，並常常伴隨其他非行或犯罪行為。在處遇上，因為關係的建立不易，有效與立即的外在約束、監控是必須的，尤其需要其他公權力機構協助（外控力量的介入），方可讓其定期接受處遇。所以具反社會傾向的受測者，在做處遇或心理治療時，行為治療及現實取向的治療方式可能較適當。

4. 假若受測者在第四量尺的得分高於 75%，代表衝動控制能力不好，容易因他人的批評而生氣，甚至具有攻擊行為，會因衝動控制差而做出忽略安全的行為，包括傷害自己或傷害別人。在自我控制方面，青少年性侵害行為人具有高衝動性、高冒險性、高自我中心以及低挫折容忍的特質。在處遇上，較理想的方式是認知行為取向的治療，讓個案了解事件、想法、情緒、行為之間的關聯，討論與學習各步驟新的因應方法，增進自身可控制感及挫折忍受力。

5. 假若受測者是一名青少年性侵害行為人，在第五量尺的得分高於 75%，可知此受測者容易因為看到異性身體某部位（如大腿、胸部或暴露的穿著），而產生性興奮與性衝動，需要跟受測者詳談或做輔導，共同想出妥善的方法應付此類情境，做好再犯預防的工作。需要學習增進自我控制能力，包括不接觸任何性刺激，遠離危險因子，對性去敏感化，學習其他有效降低性衝動的方法，並教導以適當的方式滿足性需求，找出當有性衝動時的紓解方法（越多越好，可因應不同情境）。另一方面，需加強外在監控，並可考慮科技監控。

6. 假若受測者在第六量尺的得分高於 75%，好逸惡勞心態較強，內

在需求強且需要立即滿足，曾經因為自己的小聰明而獲利或逃避責任，會因無法立即滿足帶給受測者的內心更多焦慮或不安，反而鋌而走險。這種內在不安全且缺乏關愛的小孩需要重新被撫育，需要考慮個別治療／輔導的可能性，訓練其延宕滿足之能力。

7. 假若受測者在第七量尺的得分高於 75%，代表受測者認為強姦異性的人可能具有內在問題，甚至是對異性具有強烈報復心，把異性看做滿足性慾與洩恨的對象。對於低於 25% 者，需進一步澄清受測者對異性之態度，是否具否認性慾攻擊之傾向，協助其正視性慾滿足之議題，控制其負面情緒或對異性的敵意，培養正確的兩性關係，增進人際互動之情緒調適能力，及學習適當的休閒和興趣。

8. 假若受測者在第八量尺的得分低於 25%，代表受測者不認同性侵加害者需要被嚴格懲罰，表面上不認為自己會再犯或對再犯顯得不在乎，容易忽略懲罰的效果而再犯。性侵害行為人較不認為加害者需要被嚴格懲罰，可能試圖解釋沒有縱容自己犯下性侵害行為。適合認知行為取向的療法，需要加強同理心的訓練，學習正確的思考習慣，為自己的行為負完全的責任。

9. 第九量尺得分高者代表受測者是心理健康的，但有時極高的正常量尺分數，反映出受測者正在使用防衛機轉以否認自己有心理問題。這時，最好同時參考作答可靠度，如果作答可靠度分數偏低，則受測者此份測驗資料的可用價值較不高了。

　　若受測者確定是一名性侵害行為人，並確定有其他犯罪行為，此量尺得分高時，會自覺自己是心理健康的，其認知與行為有明顯的差異，需要參考其他量尺，且值得進一步探討。

10. 第十量尺得分低者代表受測者尚未建立兩性平等的觀念，具有男尊女卑的想法，較不懂得尊重女性，可能會貶低或輕視女性。其中具反社會傾向的人，若在兩性平等與平權的觀念是較薄弱的，可能透過以性侵害的手段作為懲罰的方式，或利用性行為當作交易的方法來獲取利益。需加強性別平權的訓練，並處理其錯誤的思考模式。

11. 第十一量尺是自評作答可靠度的效度量尺，得分低者代表受測者自認在量表所做的回答真實性不高，有做假及謊答的現象。初步代表受測者的測驗結果可靠性偏低，在解釋上容易產生偏誤，可能有刻意討好、不在意或過度心理防衛的現象。建議評估人員須試著釐清此問題的可能原因。

六、KSRS-YV-II 之操作建議

(一) 單一評估之建議

1. 首先檢查「自評作答可靠度」百分等級之得分，建議需針對低於 25% 之得分進行答題之內容分析。

2. 無論任何量尺，受測者得分落在百分位數 75 分（75%）以上，或百分位數 25 分（25%）以下，評估者需特別注意，可加以分析，並與受測者針對該量尺進行澄清或多做討論。

3. 針對高於 75% 以及低於 25% 之量尺進行答題之內容分析，以確認個案在這些量尺之具體意義。

4. 最後，整合各分量尺分布之意義，完成本量表之整體性解釋。

(二) 前後測評估之建議

1. 主要操作時機：不同的處遇階段（如獄中到社區），及處遇前後之評估。

2. 仍須優先觀察後測的「自評作答可靠度」後，再比較兩次評量之間的差異程度。

3. 簡易的差異比較，可觀察兩次評量之各量尺有無波動現象，包括低於 25%、高於 75%，以及在 25% 到 75% 變化狀況。可作為處遇療效的參考之一。

4. 較精確之差異比較，在都具有「自評作答可靠度」之條件下，可根

據前後測之原始分數進行比較，若其差異超過一個標準差就有解釋
的意義。

5. 可指出前後測一致與不一致之量尺，並說明不一致量尺變化的趨勢
為何。

6. 整合前後測各量尺分布與變化之意義，完成本量表之整體性解釋。

(三) 多元評估之建議

綜合所蒐集到的資料，檢核高低分意義的一致性，並以 McGrath
（1991）所提出的五個問題，做一統整性的結論（表二十八）：(1) 再
犯的可能性為何？(2) 再犯所造成的傷害為何？(3) 何種情況下最容易再
犯？(4) 誰最有可能成為受害者？(5) 何時最易發生再犯？

表二十八　再犯危險評估

再犯危險評估	參考指標
1. 再犯的可能性	1. 依「少年靜態再犯危險評估量表」，21 到 24 為中高危險，25 以上為高危險。 2. 依「Static-99」，4 到 5 為中高危險，6 分以上為高危險。 3. 林明傑等人（2006）J-SOAP-II 高危險者。 4. 特別注意：第一次性犯行之年齡在 14 歲以下；性侵害被害人之人數 2 名或以上；過度或偏差的性活動；16 歲前曾被移送 2 次或以上。
2. 再犯之可能傷害程度	1. 具心理病態者。 2. 強制性交者。 3. 性侵害中展現出故意或多餘的攻擊行為。
3. 何種情況下再犯容易發生	1. 輟學、失業、無聊皆為高危險情境，須注意並進一步討論。 2. 物質濫用：有無再藥物或酒精濫用。 3. 色情出版品：曾常用色情出版品之性罪犯，是否有機會再接觸或購買。 4. 在熟悉的地點單獨相處（如家中）。 5. 朋友壓力。

表二十八　再犯危險評估（續）

再犯危險評估	參考指標
4. 了解再犯之可能被害對象為誰	1. 女朋友。 2. 喜歡的認識者。 3. 認為被害人為男女關係混亂者。
5. 再犯之可能時間	1. 晚上。 2. 可從過去之犯罪史中，了解再犯可能時間，並做好評估及預防之工作。

(四) 操作倫理

1. 注意標準化的施測歷程，例如施測時，施測者必須在場，不可讓受測者將題本及答案紙帶回填寫等。

2. 與受測者討論題目內容時，注意不要以討論題目之正確性為重點，應以受測者如何回答此題之背後想法之澄清為主，以避免受測者學習到以標準答案回答，影響個案再測之可靠性。

3. 注意題本外流之可能性，以維護此量表之可參照性。

4. 若能自己先做過，並仔細分析過自己更好。

常模

一、「KSRS-YV-II」少年性侵害行為人之常模分數

以性侵害組 226 人作為分布，求出 KSRS-YV-II 十一個動態危險因子指標分數與一個測驗有效性指標在百分位數 5、15、25、50、75、85、95 的分數。其中第四和第六量尺因為使用到原本的自我控制量表，同樣因為收案限制而只能用 105 位性侵害組受試者作為樣本（表二十九）。

表二十九　「KSRS-YV-II」少年性侵害行為人之常模分數

| | | 百分位數 | | | | | | |
		5%	15%	25%	50%	75%	85%	95%
衝動性指標	第一量尺：物質使用	6	6	6	9	13	16	21
	第二量尺：神經質因素	9	12	15	20	26	29	36
	第三量尺：反社會傾向	12	15	18	23	30	34	44
	第四量尺：衝動性	5	5	6	9	13	15	20
	第五量尺：性侵害傾向強	9	9	10	14	18	21	29
	第六量尺：享樂意願	5	6	8	11	13	16	19
規範性指標	第七量尺：性侵者內在問題	6	10	11	15	19	22	26
	第八量尺：性侵害責難	12	16	19	26	33	35	41
	第九量尺：正常量尺	10	13	16	19	22	24	26
	第十量尺：男女平等態度	12	14	15	18	21	23	24
	第十一量尺：自評作答可靠度	20	23	26	35	36	36	36

二、「KSRS-YV-II」一般少年版本之常模分數

一般組 850 人作為分布，求出 KSRS-YV-II 十一個動態危險因子指標分數與一個測驗有效性指標在百分位數 5、15、25、50、75、85、95 的分數（表三十）。

表三十　「KSRS-YV-II」一般少年版本之常模分數

		百分位數						
		5%	15%	25%	50%	75%	85%	95%
衝動性指標	第一量尺：物質使用	6	6	6	6	8	10	13
	第二量尺：神經質因素	8	11	12	17	23	27	33
	第三量尺：反社會傾向	11	11	11	14	18	22	28
	第四量尺：衝動性	5	5	6	9	14	16	20
	第五量尺：性侵害傾向強	9	9	9	11	18	22	32
	第六量尺：享樂意願	5	7	8	12	15	17	21
規範性指標	第七量尺：性侵者內在問題	7	11	13	17	22	25	29
	第八量尺：性侵害責難	16	21	25	32	39	42	47
	第九量尺：正常量尺	11	14	16	20	23	25	28
	第十量尺：男女平等態度	13	16	19	22	24	24	24
	第十一量尺：自評作答可靠度	19	24	28	33	36	36	36

三、「KSRS-YV-II」一般男性少年版本之常模分數

一般組中男性 435 人作為分布，求出 KSRS-YV-II 十一個動態危險因子指標分數與一個測驗有效性指標在百分位數 5、15、25、50、75、85、95 的分數（表三十一）。

表三十一　「KSRS-YV-II」一般男性少年版本之常模分數

| | | 百分位數 | | | | | | |
		5%	15%	25%	50%	75%	85%	95%
衝動性指標	第一量尺：物質使用	6	6	6	6	9	11	14
	第二量尺：神經質因素	8	10	13	17	23	27	32
	第三量尺：反社會傾向	11	12	13	16	21	25	32
	第四量尺：衝動性	5	6	7	11	15	17	22
	第五量尺：性侵害傾向強	9	9	11	16	23	26	37
	第六量尺：享樂意願	5	7	9	13	17	18	23
規範性指標	第七量尺：性侵者內在問題	8	11	14	18	24	26	31
	第八量尺：性侵害責難	16	22	25	32	40	43	47
	第九量尺：正常量尺	12	15	17	21	24	25	28
	第十量尺：男女平等態度	12	15	17	20	24	24	24
	第十一量尺：自評作答可靠度	18	23	27	33	36	36	36

四、「KSRS-YV-II」一般女性少年版本之常模分數

　　一般組中女性 415 人作為分布，求出 KSRS-YV-II 十一個動態危險因子指標分數與一個測驗有效性指標在百分位數 5、15、25、50、75、85、95 的分數（表三十二）。

表三十二　「KSRS-YV-II」一般女性少年版本之常模分數

		百分位數						
		5%	15%	25%	50%	75%	85%	95%
衝動性指標	第一量尺：物質使用	6	6	6	6	7	9	11
	第二量尺：神經質因素	8	11	12	17	23	27	33
	第三量尺：反社會傾向	11	11	11	12	16	18	24
	第四量尺：衝動性	5	5	6	8	12	14	19
	第五量尺：性侵害傾向強	9	9	9	9	11	14	19
	第六量尺：享樂意願	5	6	8	11	15	16	19
規範性指標	第七量尺：性侵者內在問題	7	10	12	16	21	23	27
	第八量尺：性侵害責難	16	20	24	31	38	41	46
	第九量尺：正常量尺	10	13	15	18	22	24	26
	第十量尺：男女平等態度	14	19	20	24	24	24	24
	第十一量尺：自評作答可靠度	21	24	28	34	36	36	36

參考文獻

吳敏欣（1999）。少年強姦犯兩性經驗與性價值觀之研究。東海大學社
　　會工作學系碩士論文。

林弘茂（2003）。休閒活動與少年偏差行為關聯性之研究。中央警察大
　　學犯罪防治研究所博士論文。

林明傑等人（2006）。成年與少年性侵害加害人心理病態檢索表之應用
　　及其與動靜態再犯危險評估相關之研究。行政院衛生署九十五年度
　　科技研究發展計畫。

法務部（2010）。98 年少年兒童犯罪概況及其分析。法務部編印。

邱惟真（2011a）。發展少年性侵害加害人預防輔導模式。內政部家庭暴
　　力及性侵害防治委員會一百年研究計畫。

邱惟真（2011b）。新竹地方法院青少年再犯預防認知輔導團體成效評
　　估。司法院 100 年度少年業務個案研討會第一場。

邱惟真（2013）。研發少年性侵害行為人再犯危險評估工具。衛生福利
　　部 102 研究計畫。

邱惟真、邱思潔（2006）。家庭暴力受保護管束人諮商輔導方案之建立
　　及成效評估初探。臺灣臺中地方法院檢察署、財團法人犯罪被害人
　　保護協會臺灣臺中分會委託研究。

邱惟真、邱思潔、李粵羚（2007）。三個月的性侵害加害人社區輔導教
　　育團體該做什麼：政策與實務之對話。輔導季刊，第 43 卷，第 2 期，
　　1-11。

金炫泰（2010）。父母管教方式、控制與偏差行為之相關性研究——以
　　台中縣國中生為例。靜宜大學社會工作與兒童少年福利學系碩士論
　　文。

柯永河（1996）。談習慣測量的需要與方法。測驗年刊，43，17-32。

柯永河（1998a）。柯氏性格量表（KMHQ1998）指導手冊。教育部委
　　託主編。台北：中國行為科學社發行。

柯永河（1998b）。柯氏心理衛生程式之修改與驗證：以強迫型與反社會型者為例。行政院國家科學委員會專題研究計畫成果報告。NSC87-2413-H002-006。

柯永河（1999）。「性侵害加害人心理狀態評估工具編製」研究計畫報告。內政部八十八年度委託研究報告。

柯永河、張小鳳（1999）。健康、性格、習慣量表（HPH1998）。台北：測驗出版社。

張惠君（2001）。家庭系統、學校系統與國中生自我控制及偏差行為之研究：以台南地區為例。國立成功大學教育研究所碩士論文。

張閔智（1996）。社會控制、休閒活動型態與少年被害關聯性之研究。中央警察大學犯罪防治研究所碩士論文。

許春金、馬傳鎮（1992）。強暴犯罪型態與加害人格特性之研究。台北市政建設專題研究報告第 227 輯。

許春金、馬傳鎮（1997）。收容少年犯罪成因及其防治對策之調查研究。法務部犯罪問題研究中心。

許淑華（2002）。性別，自我控制與機會對少年犯罪與偏差行為之影響：犯罪共通性理論之驗證。中央警察大學犯罪防治研究所碩士論文。

郭壽宏（1999）。多層面性調查表（譯自 Mulitiphasic Sex Inventory, by Nichols, H. R., 1984）。

陳南翰（2004）。低自我控制、性行為、飲酒行為與少年偏差行為之研究。中央警察大學犯罪防治研究所碩士論文。

陳若彰等人（2002）。性暴力連續犯危險因子分析研究。女學學誌，13，1-46。

陳若璋（2001）。性犯罪心理學：心理治療與評估。台北：張老師。

陳若璋、劉志如（2001）。五 型性罪犯特質與預測因子探討。中華心衛生學刊，14（4）。59-98。

陳郁岑（2004）。再探 K 氏兩性關係評估量表（KSRS）之臨床信效度。成功大學行為醫學研究所碩士論文。

曾幼涵（2001）。解析青少年犯罪率高峰之現象：「低自我控制」與「成熟代溝」之再議。國立政治大學心理系碩士論文。

曾淑萍（2000）。自我控制與少年竊盜行為：一般性犯罪理論之驗證。國立中正大學犯罪防治研究所碩士論文。

黃軍義（1999）。強姦行為之心理動態分析。臺灣大學心理研究所博士論文。

黃富源等人（2008）。兒童少年妨害性自主罪之研究。法務部委託研究。

黃鴻禧（2007）。男性少年性侵害加害人自我控制與日常活動型態之研究。中央警察大學犯罪防治研究所碩士論文。

蔡德輝、楊士隆（2000）。台灣地區少年強姦犯、非暴力犯及一般少年犯罪危險因子之比較研究，犯罪學期刊第五期。中華民國犯罪學學會。

鄭瑞隆（2006）。少年性侵犯行之成因、評估與矯正處遇。亞洲家庭暴力與性侵害期刊，2(1)，65- 92。

Arneklev, B. J., Elis, L., & Medlicott, S. (2006). Testing the General Theory of Crime: Comparing the Effects of "Imprudent Behavior" and an Attitudinal Indicator of "Low Self-Control". *Western Criminalogy Review, 7*(3), 44-55.

Beech, A. R., & Ward, T. (2004). The integration of etiology and risk in sex offenders: A theoretical model. *Aggression and Violent Behavior, 10*, 31-63.

Gottfredson, M. R., & Hirschi, J. (1991). *A General Theory of Crime.* Stanford, CA: Stanford University Press.

Grasmick, H. G., Tittle, C. R., Brusik, R. J., & Arneklev, B. J. (1993). Testing the core empirical implications of Gottfredson and Hirschi's genral theory of crime. *Journal of Research in Crime and Delinquency, 30*, 5-29.

Gretton, H. M., Hare, R. D., & Catchpole, R. E. (2004). Psychopathy and offending from adolescence to adulthood: A ten year follow-up. *Journal of Consulting and Clinical Psychology, 72*(4), 636-645.

Gretton, H. M., McBride, M., Hare, R. D., O'Shaughnessy, R., & Kumka, G. (2001). Psychopathy and recidivism in adolescent sex offenders. *Criminal Justice and Behavior, 28*, 427-449.

Hanson, R. K., & Morton-Bourgon, K. (2004). *Predictors of Sexual Recidivism: An Updated Meta-Analysis.* Ottawa, Canada: Department of the Solicitor General Canada.

Hanson, R. K., & Harris, A. J. R. (2000). Where should we intervene? Dynamic predictors of sex offense recidivism. *Criminal Justice and Behavior, 27*, 6-35.

Harris, G. T., Rice, M. E., & Quinsey, V. L. (1993). Violence recidivism of mentally disordered offender: The development of a statistical prediction instrument. *Criminal Justice and Behavior, 20*, 315-335.

Hemphill, J. F., Harre, R. D., & Wong, S. (1998). Psychopathy and recidivism: A review. *Legal and Criminological Psychology*, 3, 139-170.

Hsu, L. K. G., & Starzynski, J. (1990). Adolescent Rapists and Adolescent Child Sexual Assaulters. *International Journal of Offender Therapy and Comparative Criminology, 34*, 23-30.

McGrath, R. (1991). Sex Offender Risk Assessment and Disposition Planning: A Review of Empirical and Clinical Findings. *International Journal of Offender Therapy and Comparative Criminology*, 35(4), 329-351.

Prentky, R., & Righthand, S. (2003). Juvenile Sex Offender Assessment Protocal-IIManual. (Online) Available at www.csom.org/pubs/JSOP.pdf.

Righthand S., & Welch C. (2001). *Juveniles Who Have Sexually Offended— A Review of Professional Literature. Washington*, DC: Office of Juvenile Justice and Delinquency Prevention.

Viljoen, J. L., Scalora, M., Cuadra, L., Bader, S., Chavez, V., Ullman, D., & Lawrence, L. (2008). Assessing risk for violence in adolescents who have sexually offended: A comparisonof the J-SOAP-II, SAVRY, and J-SORRAT-II. *Criminal Justice and Behavior*, 35,5-23.

Witt, P. H., Bosley, J. T., & Hiscox, S. P. (2002). Evaluation of juvenile sex offenders. *Journal of Psychiatry and Law*, 30, 569-592.

Worling, J. R., & Curwen, T. (2000). Adolescent sexual offenders recidivism: Success of specialized treatment and implications for risk prediction. *Child Abuse and Neglect*, 24(7), 965-982.

題本編號：

柯氏性別關係量表—少年版（KSRS-YV-II）題本

❖ 請仔細閱讀各題題目，並在作答選項中圈選出自己認為最適合的答案。請注意，題本上的題號要和答案紙上的題號相同，即答案要圈在答案紙上的圈選處。作答選項分為 1 到 6 的數字，分別代表：

「1」代表填答者過去幾年來的習慣，完全不符合該句所說的情形。

「2」代表填答者過去幾年來的習慣，有 20% 符合該句所說的情形。

「3」代表填答者過去幾年來的習慣，有 40% 符合該句所說的情形。

「4」代表填答者過去幾年來的習慣，有 60% 符合該句所說的情形。

「5」代表填答者過去幾年來的習慣，有 80% 符合該句所說的情形。

「6」代表填答者過去幾年來的習慣，100% 符合該句所說的情形。

例題：

> 我常常作惡夢。　　　　　　　　① 2 3 4 5 6

→代表您從未作為惡夢。

> 我比一般人更為神經質。　　　　1 2 3 ④ 5 6

→代表您認為自己比 60% 的人更為神經質。

❖ 請依照題目順序將答案圈選在答案紙上，題本請勿做任何記號。

❖ 施測時間約為 20 ～ 30 分鐘，請仔細閱讀每一題，並圈選出最符合自己狀況的答案。

❖ 您的所有資料皆會保密，請放心作答。

1. 我常覺得自己好像做了不應該做的事。
2. 我比什麼人都缺乏自信心。
3. 我善於交際。
4. 我不贊成重男輕女的態度。
5. 當有某個人說我缺點時，我經常會想到他要好好的給我記住，有機會我一定會讓他很難看。
6. 我認為把異性看成洩恨對象的人才會做出強姦行為。
7. 從小學或國中時代，我就有習慣常常喝酒。
8. 如果社會秩序很亂，根本沒有警察，我就會做強姦行為。
9. 每談到升學考試時，我經常會想到聯考是一種競爭，為了拿到高分，只要不被發現，作弊也可以。
10. 我認為犯強姦罪的人事後不會感到後悔。
11. 當有人批評我時，我經常會想到他們是偽君子真可惡，將來我會以兩倍的代價讓他們難過。
12. 女人生來的目的就是為男人傳宗接代。
13. 我覺得自己是個沒有價值的人。
14. 如果有人惹我生氣，那麼即使在公共場合，我也會大罵那個人。
15. 以上我所做的回答都是可靠的。
16. 強姦行為要用閹割的重罰才能讓犯者不再犯。
17. 從小學或國中時代，我就犯過了幾次校規，被記過。
18. 我有很強的依賴心。
19. 安非他命會使我感到自己有能力。
20. 我覺得人生很短暫，應該即時行樂。
21. 我常覺得頭腦很紊亂。
22. 以上我所做的回答都非常不可靠。
23. 我覺得那些腳踏實地的人不夠聰明。
24. 從國中時代，我已經與異性發生過好幾次性關係。

25. 在眾人面前需要有所表現時，我經常會想到按照自己的意思表現出來，誰敢說不好，我就找機會修理他。

26. 我常喝酒之外，也使用一種以上的毒品。

27. 我認為會犯強姦罪的人都是攻擊心很強的人。

28. 我認為會犯強姦的人都是自卑感強的人。

29. 犯了強姦罪的人應該感到自己像是動物，不是人。

30. 如果我中意的人要強暴我，我會依他。

31. 我覺得犯了強姦罪的人應該下地獄。

32. 有時我莫名其妙地不安或恐慌起來。

33. 如果世界上有一個國家是每人可以隨心所欲地做強姦行為，我就一定常去那裡享受那種快樂。

34. 我覺得犯了強姦罪的人根本不值得同情。

35. 我相信很多異性喜歡跟我在一起。

36. 如果這世上只有我和另一位很有性感的異性，他（她）又拒絕和我有親密關係，我就會強姦她（他）。

37. 我認為會強姦異性的人都是無法控制自己性衝動的人。

38. 我認為犯強姦罪的人是兩性中的失敗者。

39. 以上我所做的回答都非常可靠。

40. 我不太能控制自己的負面情緒。

41. 我覺得刺激及冒險比安全重要。

42. 我認為犯強姦罪的人是對異性有強烈報復心的人。

43. 從小學或國中時代，我就常常逃學。

44. 我反對男尊女卑的傳統觀念。

45. 我認為把異性看做滿足性慾對象的人才會強姦異性。

46. 我的臨機應變能力很強。

47. 希望與很喜歡的異性交往時，我經常會想到不管對方肯不肯，只要能把他（她）搶到手就好了。

48. 我覺得周圍的人看不起我。

49. 在酒或安非他命，或可壯陽的藥物控制下，大部分的人都會做出強姦行為。

50. 如果看到異性半露的胸部，我就會興奮得不得了。

51. 我覺得犯了強姦罪的人應該接受閹割手術，讓他絕子絕孫。

52. 以上我所做的回答都相當可靠。

53. 從小學或國中時代起，我已兩次或兩次以上離家出走，在外過夜，且數日不歸。

54. 從小學或國中時代，我就有習慣，只要學校裡發生了讓我不愉快的事，我就帶著書包，不請假自行離開學校。

55. 看了 A 片電影、電視後，我很快就會有性衝動。

56. 我認為大部分的人都會為了順利達成目標而說謊。

57. 有時，電視節目裡的男女親熱鏡頭，也會使我的性慾強得難以控制。

58. 我是一個經常會感覺悲傷的人。

59. 我使用過毒品。

60. 我會去做一些危險而別人不敢做的事。

61. 如果犯強姦罪的人會被判死刑，我就絕對不會做這種行為。

62. 我相信自己的能力不比別人低。

63. 以上我所做的回答都不可靠。

64. 我常喝酒。

65. 我一個月就會有一次對性生活的渴望。

66. 如果看到了異性的大腿，我就會興奮得不得了。

67. 我相信自己也有一些長處。

68. 從小學或國中時代，我好幾次偷拿父母的印章去蓋學校聯絡簿或成績單。

69. 我相信女人是為了使男人活得快樂而生出來的。

70. 在電視或報紙看到搶劫、殺人、綁架時，我經常會想到將來我也要試試看，一定很刺激，令我興奮。

71. 每年在某一季節我想做強姦行為的衝動就特別強。

72. 上課時，我常常被好玩的事所吸引，而沒有聽課。

73. 我過去使用過安非他命。

74. 以上我所做的回答都相當不可靠。

柯氏性別關係量表－少年版（KSRS-YV- II）答案紙

題本編號：

一、性別：	1. □男　2. □女
二、生日：	民國＿＿＿年＿＿＿月＿＿＿日
三、案情：	1. □無 2. □妨害性自主；案由：＿＿＿＿＿＿＿＿＿＿＿＿＿＿ 3. □暴力類型；案由：＿＿＿＿＿＿＿＿＿＿＿＿＿＿ 4. □非暴力類型；案由：＿＿＿＿＿＿＿＿＿＿＿＿
四、就學／就業狀況：1. □在學（含半工半讀、建教合作等）學校：＿＿＿＿＿ 　　　　　　　2. □輟學　3. □全職工作	
五、年級：	1. □國中七年級　2. □國中八年級　3. □國中九年級 4. □高中（職）一年級　5. □高中（職）二年級 6. □高中（職）三年級
六、家庭結構：	1. □與父母同住　2. □單親（父□母□）　3. □其他
七、與父母的相關資料：	1. □親生父母健在 2. □父母離婚 3. □其他（如：同居、繼父母……）
八、主要照顧者：	1. □父母 2. □祖父母　3. □其他
九、主要照顧者的教養方式：	1. □開明　2. □專制　3. □放任　4. □＿＿＿＿＿
十、我認為家裡的經濟狀況：	1. □富有　2. □小康　3. □勉強 4. □貧乏
十一、我曾有過性經驗：	1. □是　2. □否
十二、我曾性騷擾或猥褻他人：	1. □是　2. □否
十三、我曾遭他人性騷擾或猥褻：	1. □是　2. □否
十四、我曾性侵害他人：	1. □是　2. □否
十五、我曾遭他人性侵害：	1. □是　2. □否
十六、我曾性霸凌他人：	1. □是　2. □否
十七、我曾遭他人性霸凌：	1. □是　2. □否
十八、填答日期：民國＿＿＿年＿＿＿月＿＿＿日	

	完全不符合	20%符合	40%符合	60%符合	80%符合	100%符合		完全不符合	20%符合	40%符合	60%符合	80%符合	100%符合		完全不符合	20%符合	40%符合	60%符合	80%符合	100%符合
1.	1	2	3	4	5	6	26.	1	2	3	4	5	6	51.	1	2	3	4	5	6
2.	1	2	3	4	5	6	27.	1	2	3	4	5	6	52.	1	2	3	4	5	6
3.	1	2	3	4	5	6	28.	1	2	3	4	5	6	53.	1	2	3	4	5	6
4.	1	2	3	4	5	6	29.	1	2	3	4	5	6	54.	1	2	3	4	5	6
5.	1	2	3	4	5	6	30.	1	2	3	4	5	6	55.	1	2	3	4	5	6
6.	1	2	3	4	5	6	31.	1	2	3	4	5	6	56.	1	2	3	4	5	6
7.	1	2	3	4	5	6	32.	1	2	3	4	5	6	57.	1	2	3	4	5	6
8.	1	2	3	4	5	6	33.	1	2	3	4	5	6	58.	1	2	3	4	5	6
9.	1	2	3	4	5	6	34.	1	2	3	4	5	6	59.	1	2	3	4	5	6
10.	1	2	3	4	5	6	35.	1	2	3	4	5	6	60.	1	2	3	4	5	6
11.	1	2	3	4	5	6	36.	1	2	3	4	5	6	61.	1	2	3	4	5	6
12.	1	2	3	4	5	6	37.	1	2	3	4	5	6	62.	1	2	3	4	5	6
13.	1	2	3	4	5	6	38.	1	2	3	4	5	6	63.	1	2	3	4	5	6
14.	1	2	3	4	5	6	39.	1	2	3	4	5	6	64.	1	2	3	4	5	6
15.	1	2	3	4	5	6	40.	1	2	3	4	5	6	65.	1	2	3	4	5	6
16.	1	2	3	4	5	6	41.	1	2	3	4	5	6	66.	1	2	3	4	5	6
17.	1	2	3	4	5	6	42.	1	2	3	4	5	6	67.	1	2	3	4	5	6
18.	1	2	3	4	5	6	43.	1	2	3	4	5	6	68.	1	2	3	4	5	6
19.	1	2	3	4	5	6	44.	1	2	3	4	5	6	69.	1	2	3	4	5	6
20.	1	2	3	4	5	6	45.	1	2	3	4	5	6	70.	1	2	3	4	5	6
21.	1	2	3	4	5	6	46.	1	2	3	4	5	6	71.	1	2	3	4	5	6
22.	1	2	3	4	5	6	47.	1	2	3	4	5	6	72.	1	2	3	4	5	6
23.	1	2	3	4	5	6	48.	1	2	3	4	5	6	73.	1	2	3	4	5	6
24.	1	2	3	4	5	6	49.	1	2	3	4	5	6	74.	1	2	3	4	5	6
25.	1	2	3	4	5	6	50.	1	2	3	4	5	6							

國家圖書館出版品預行編目 (CIP) 資料

柯氏性別關係量表 (少年版) 指導手冊 / 邱惟真，張
勤金編著 . -- 一版 . --
　新北市：淡大出版中心 , 2017.02
　面 ；　公分

ISBN 978-986-5608-47-7(平裝)

1. 性侵害防制 2. 少年犯罪 3. 評定量表

548.544　　　　　　　　　　　　105025414

叢書編號 PS014

柯氏性別關係量表（少年版）指導手冊
Handbook for KSRS-YV- II（Ko's Sexual Relation Scale -Youth Version- II）

著　　者　邱惟真、張勤金 編著

社　　長　林信成
總 編 輯　吳秋霞
行政編輯　張瑜倫
行銷企劃　陳卉綺
內文排版　張明蕙
封面設計　斐類設計工作室

發 行 人　張家宜
出 版 者　淡江大學出版中心
　　　　　地址：25137 新北市淡水區英專路 151 號
　　　　　電話：02-86318661/ 傳真：02-86318660
出版日期　2017 年 2 月 一版一刷
定　　價　180 元

總 經 銷　**紅螞蟻圖書有限公司**
展 售 處　淡江大學出版中心
　　　　　地址：新北市 25137 淡水區英專路 151 號海博館 1 樓
　　　　　電話：02-86318661　　傳真：02-86318660
　　　　　淡江大學—驚聲書城
　　　　　地址：新北市淡水區英專路 151 號商管大樓 3 樓